ECONOMÍA
GLOBAL

ECONOMÍA GLOBAL

PASADO, PRESENTE Y FUTURO.

DR. LUIS NÚÑEZ ÁLVAREZ

Primavera del 2012

Número de Control de la Biblioteca del Congreso de EE. UU.:   2012910555
ISBN: Tapa Dura   978-1-4633-3119-1
                   Tapa Blanda   978-1-4633-3118-4
                   Libro Electrónico   978-1-4633-3120-7

Para pedidos de copias adicionales de este libro, por favor contacte con:
Palibrio
1663 Liberty Drive
Suite 200
Bloomington, IN 47403
Llamadas desde los EE.UU. 877.407.5847
Llamadas internacionales +1.812.671.9757
Fax: +1.812.355.1576
ventas@palibrio.com
411083

ÍNDICE

DEDICATORIAS

A mi esposa, a mis hijos y a mis nietos

PROLOGO

En la actualidad el mundo financiero y económico se ve constantemente amenazado por grandes crisis, derivadas de abusos cometidos por las grandes organizaciones financieras, y a su vez por el afán desmedido de lucrar con las inversiones en activos de las empresas, generaron todo un embrollo que al final dio origen a la más grande crisis financiera y económica (considerada por muchos economistas y asesores financieras más grande y lapidaria que la sufrida en el año 1929) que colocó a las grandes potencias industriales en una debacle de sus Sistemas Financieros, debido además entre otras cosas, a la desregulación autorizada por los gobiernos de esos países, tratando de apoyar a un supuesto crecimiento y desarrollo de la actividad financiera y económica.

El capitalismo actual y derivado de la desregulación autorizada, sus operaciones se han fundamentado mas en papel que en dinero (los mercados han crecido en base a la colocación de activos de parte de las empresas), lo cual en principio se consideró un adecuado instrumento de capitalización de los organismos empresarios, facilitándoles el financiamiento, a mas de que se obtenía con cierta facilidad y a un bajo costo.

Pero como siempre el abuso en todo es malo; y en la actividad financiera resultó más grave, y eso nos permitió llegar a conocer los grandes abusos cometidos por los grandes Bancos, las Hipotecarias, las Cías. De Seguros y una que otra empresa, organismos que echaron mano de profesionistas asesores en materia financiera, legal y contable, hicieron de la información financiera maquillada y por desgracia auditada, un modus operandi, a fin de hacer creer a los inversionistas de que en los mercados financieros todo era transparente, y, por tanto, se podía tener confianza e invertir, situación que dio origen a las grandes ganancias para los mercaderes del dinero.

Actualmente tomando en cuenta ese supuesto desarrollo del capitalismo rampante, desde el punto de vista del Laboratorio Europeo de Anticipación Política, desde el 2008, puso de manifiesto respecto a la crisis los orígenes de la misma y señaló que sería en los Estados Unidos, y detrás de ellos países occidentales, se conformaron con el establecimiento de medidas paliativas, solo que en lugar de haber atacado de frente, se generó la crisis sobre los fundamentos del Sistema Internacional contemporáneo.

Derivado de lo anterior, en un artículo aparecido en el Periódico de México, de fecha 13 de mayo de 2011, el autor de este, Jaime Alejandro, señala que una de las conclusiones a las que se ha llegado, es que el capitalismo ha fracasado. Lo cual este escritor expresa, que dicha conclusión desde su punto de vista personal es falso, lo cual fundamenta diciendo: "el sistema económico que los políticos han impuesto en todos los países dista mucho de ser y poderse llamar capitalismo" El papel fiduciario (los euros, el dólar, la libra, etc.,) son pagarés emitidos por los Estados. Un pagaré es una deuda y, una deuda, es pasivo y no un activo. El pasivo no es capital, y si no lo es, el sistema creado sobre la circulación de pasivos no puede recibir el nombre de capitalismo. Entonces si nuestro sistema no es capitalista ¿Cómo debería llamarse? El autor le llama "debitismo" (2) Jaime Alejandro. Nuestro Sistema Económico no es el Capitalismo.

Luego entonces, ante todo lo que se comenta y se dice en el ámbito de la economía global, habrá que resaltar varias cuestiones: a). la economía de los Estados Unidos desde el inicio de la crisis en 2008 no se ha repuesto y por consiguiente, las economías de países emergentes que dependen de sus exportaciones hacia ese país, no pueden tener el despegue esperado; b). las economías de los países de la zona de la Comunidad Europea a la fecha siguen insertas en problemas de pérdida en el desarrollo de sus economías, arrastrando problemas como: desempleo, aumento en las deudas de los ciudadanos derivados de las hipotecas, caída en el poder adquisitivo de dichas personas; déficit fiscal, cambios en las políticas presupuestarias, las que han generado incremento en los impuestos y por se derivaron problemas sociales, como los que se han visto en países como Grecia, Irlanda, España, Portugal y no se escapa mucho Italia; c). la decadencia del dólar y con ello se ha generado la llamada guerra de divisas, que ha puesto en alerta al euro, al yen, al yuan, puesto la mayoría de los países tienen sus reservas de divisas en dólares, lo cual podrá concluir en una efectiva guerra de divisas; d). un problema mas es el petróleo, donde los precios en el inicio del año y lo que va en el mes de Mayo de este 2011, han tenido una alza tremenda, como resultado de la caída de líderes de gobierno, de los países productores de petróleo y, por último, e). las subidas precipitadas del oro y la plata, alcanzado precios nunca vistos, por lo menos en los últimos cinco años.

Lo antes relatado, es lo que me ha llevado a escribir en diversos medios temas como: Economía Global, la debilidad del Euro, la crisis del petróleo, la formación de grupos de países emergentes como el denominado BRIC (Brasil, Rusia, India y China), a quienes se les ve como las súper economías para dentro de 25 años; ahora este grupo se le ha agregado Sudáfrica por ello se conoce como el nuevo BRICS; el grupo G-20, donde participan los países desarrollados (Estados Unidos, Inglaterra, Canadá, Francia, Italia, Japón, Alemania), grupo en que ha venido participando México, China, India, Brasil y otros más, donde se presupone que se toman acuerdos que beneficiarán a las economías de los integrantes de dichos grupos, han tratado de establecer nuevas regulaciones al Sistema Financiero Mundial, sin que a la fecha, se sepa algo en definitivo.

Análisis aparte y que me lleva a hacer varias reflexiones, es el proceso seguido por el crecimiento de China, después de que sus líderes tomaron la decisión de hacer cambios en su sistema político, financiero y económico, lo cual ha llevado a dicha nación a ser considerada en estas fechas, la segunda potencia mundial, desplazando a Japón, país que había ocupado ese lugar, hacía muchos años, pero los movimientos económicos, las políticas de apertura a los mercados y el gran volumen de producción en todos los campos de la industria, la tecnología y de servicios, han hecho de China, un verdadero emporio en las exportaciones a todo el mundo, lo cual le ha generado el que sea el país con la suma mas alta en reserva de divisas, en dólares, lo cual ha puesto a temblar la economía del país mas desarrollado, como lo ha sido Estados Unidos.

Deseo que en el contenido de este documento, sea el resultado de una investigación me ha llevado ya varios años, sobre los temas que será objeto de análisis y comentarios de mi parte.

INTRODUCCION

A fin de poder realizar esta obra, se ha tenido que llevar a cabo una serie de investigaciones en relación a los diferentes temas que en la misma comento. La denominación ECONOMÍA GLOBAL, fue originada la problemática que se ha venido presentando en el mundo financiero y económico, como consecuencia de los estallidos financieros y económicos tanto en las economías de los países desarrollados, como en las economías de países menos desarrollados, así como por la afectación tenida en la economía de los países emergentes.

Se ha podido conocer la aparición de varios bloques de países, los cuales giran alrededor de los organismos internacionales, tanto financieros, como económicos y políticos, como lo son: el Fondo Monetario Internacional, el Banco Mundial, el Banco Interamericano de Desarrollo, el Banco Central Europeo, la Organización para la Cooperación y Desarrollo Económico (OCDE), los acuerdos comerciales bilaterales entre distintos países, el grupo G-20, el Grupo de los 8, las zonas Unión Europea, el Cono Sur, los Tigres de Asia y a la fecha ha tomado mucha preponderancia el grupo BRICS (Brasil, Rusia, India, China y ahora Suda África).

Como se podrá observar, los grupos en sí, representativos de grandes, medianas y pequeños países, nos da una idea del sin número de intereses económicos y financieros que se manejan, por tanto, esto confirma mi interés en analizar (aunque sea en forma suscinta) los temas que integran el contenido de este libro.

El solo hablar y escribir sobre Globalización, es hacer referencia a los cambios que en materia comercial, industrial, financiera y económica han hecho que los países en el mundo, hayan tenido que soportar entre otras cosas, el libre tránsito (o con menos problemas en materia de barreras arancelarias) haciendo con ello el que las economías de muchos de esos países hayan crecido, pero también muchas otros, se hayan visto limitadas en crecimiento, derivado de las importaciones de muchos bienes y servicios que han entrado con las facilidades acordadas, sacrificando con esto, la generación de empleos, (el % de desempleo, ha venido fluctuando entre un ".5%, hasta un 28% en varias naciones), muchas de esas naciones han tenido que endeudarse, sus déficits fiscales han aumentado en gran cuantía (esto se presentado en naciones demasiado desarrolladas y muchas no tanto), pero que ese tipo de situaciones hicieron que países como Islandia, Grecia, España, Portugal y la misma Italia, tuvieran que afrontar problemas casi de quiebra en sus finanzas, y por consiguiente tuvieron que recurrir al Banco Central Europeo y naciones desarrolladas en la zona europea (como Alemania) a buscar apoyos financieros y poder afrontar sus problemas.

Desgraciadamente también, derivado de la crisis financiera y económica padecida desde finales del año 2007, donde hubo que afrontar la quiebra de bancos (muchos de ellos con un historial de muchos años), igualmente los gobiernos como Estados Unidos, Gran Bretaña, tuvieron que solicitar a su congreso la aprobación de grandes millonadas de dólares, a fin de sacar adelante a esos bancos, a la industria automotriz, a las grandes hipotecarias, todo con el objetivo de evitar toda una hecatombe financiera y no generar crisis mayor.

La Globalización que no fue otra cosa que la apertura en sí del libre mercado, aún cuando para muchos analistas financieros y económicos ha sido buena, llevando resultados de buen crecimiento en el producto interno bruto de naciones como China (crecimiento promedio en los últimos nueve años de un 9.9%), haciendo que esta nación sea considerada en la actualidad como la segunda economía mundial; desplazando a Japón y siendo una nación que más bonos del tesoro de los Estados Unidos ha adquirido, lo cual no ha sido bueno para la economía estadunidense, puesto que ya vimos como también su deuda interna creció, y, su déficit fiscal ha tenido que sujetarse a un techo límite fiscal, evitar con esto un mayor endeudamiento.

Aunado al factor Globalización trajo con ello, los altibajos del Euro y con eso se hizo presente la crisis en la eurozona, y surgieron situaciones críticas (como ya se ha comentado) en Islandia, España, Portugal y Grecia, siendo esta nación la que más ha sufrido los embates de la crisis, su economía totalmente debilitada hasta la fecha, tuvo que recurrir a financiamientos muy encuadrados a las disposiciones del Banco Central Europeo, del Fondo Monetario Internacional, lo cual propició la caída de un Primer Ministro, problemas sociales, huelgas de trabajadores, todo derivado también de la exigencia de organismos internacionales de que debían bajar su déficit fiscal, limitar su endeudamiento, apretarse el cinturón en el presupuesto de egresos, con lo que el crecimiento de su producto interno bruto, está totalmente limitado.

Los problemas de medio oriente, la caída del Presidente de Egipto, los conflictos en Siria, la situación conflictiva en algunos países árabes, han generado alzas y bajas constantes en el precio del petróleo, con todo lo que con ello lleva, en los precios de sus derivados, de las materias primas, por lo que, no es posible soslayar este problema, mas aún, la baja de las reservas petroleras, y por tanto, países con petróleo, tienen influencia geopolítica en países que carecen de este bien, por lo que los precios en dichas naciones suben y su economía se ve limitada en crecimiento.

Ha sido un caso especial el agrupamiento de países como Brasil, Rusia, India y China (el llamado grupo BRIC), porque especial, porque la representatividad en población tiene una gran significado y por tanto la generación de intercambio comercial y de servicios facilita ese movimiento, se han vuelto fuertes para competir con las grandes economías (se prevé según los conocedores, que para el año 2030, será el grupo económico número uno) y ha sido tan avalado este grupo, que la crisis financiera y económica del 2008, poco afectó a Brasil y ha salido avante ante tal problema, y como expreso, es tan importante este grupo, que a estas fechas, se ha integrado Sudáfrica, con lo que se incrementa la representatividad poblacional y en consecuencia, facilitará el comercio y el desarrollo económico, financiero y tecnológico en dicho grupo.

En el entorno de divisas, dos monedas que han venido jugando en el mercado de una manera fuerte, son las monedas de Japón y de China (el yen y el yuan), son tan fuertes dichas monedas, que constantemente los Estados Unidos generan presión a fin de que hagan modificación el poder adquisitivo de ellas, puesto que la economía norteamericana se siente perjudicada porque sus mercaderías no llegan fácilmente a esos países, y si por el contrario las importaciones norteamericanas se han incrementado y debilitando con ello el mercado interno y generan una baja en el crecimiento del producto interno, es por eso, que el desempleo en esa nación americana ha estado fluctuando entre un 4.5%, un 5% y un 5.5%.

En esa llamada guerra de divisas, juega un papel importante el dólar, es una moneda aceptada en todas partes del orbe, es una moneda fuerte, avalada por el desarrollo tecnológico de la nación americana, pero no ha dejado de sufrir quebrantos, presiones, a grado tal, que se ha venido comentando la posibilidad de hacer un cambio en el reconocimiento del dólar. Pero sea como sea, el dólar sigue siendo el dólar, tan es así, que todos los países tiene sus reservas en esa moneda, y al tener ese gran número de reservas por parte de la mayoría de las naciones, la misma unión americana se ve beneficiada en el uso constante de su moneda, puesto que sigue ganando por el uso de moneda de curso legal en todo el mundo.

Pero cada día es más notorio el hecho de que constantemente se hable del debilitamiento del dólar (sobre todo frente al euro); pero por fortuna del dólar, el euro, y debido a las crisis de los países que en muchas veces hemos hecho referencia (Grecia, España, Portugal, Islandia y la misma Italia), han presionado a esta divisa (euro), y es en esos momentos de crisis, cuando el dólar vuelve a surgir como el ave fénix, para seguir ganado terreno y seguir siendo la moneda más aceptada en el universo financiero y económico, muy a pesar de todos los problemas de índole de deuda interna en Estados Unidos, de la crisis de las hipotecas basura, de la caídas constantes en el mercado financiero más fuerte en el mundo (Wall Street), que es en su momento, el gran reflejo de como la economía de ese estado, ha venido subiendo y quiérase o no, sigue siendo un país respetado.

Un problema más, que nos llamado la atención al escribir este libro, es el oro, metal precioso, que muchos inversores representa un seguro en cuanto a sus inversiones, también ha tenido el precio de este metal, alzas muy considerables, y en el mercado de futuros de metales, llegó a tener una cotización que llegó a llamar altamente la atención, diciendo los expertos que se recomendaba, dada esa fortaleza tenida por este metal, volver a considerarlo una vez el patrón de medida en el valor de las monedas. Sin embargo, habrá que recordar que fue lo que pasó en ese movimiento originado en Breton Woods, se acuerda que el patrón oro, había dejado de ser el respaldo fuerte de las monedas y que mejor se aceptaría el uso del dólar, como una unidad monetaria de respaldo a las demás monedas, lo cual viene a refrendar el por que tantos países siguen teniendo sus reservas monetarias en dólares (casi un total de 3,000 millones de dólares, solo de China, Japón, México, Brasil, Argentina, entre otros países).

Sin embargo, a pesar de todos los cambios, los grandes tratados, la evolución y desarrollo tecnológico, las crisis financieras no han sido superadas, los violentos movimientos políticos siguen latentes, Siria,

Yemen, Egipto, Paquistán, Palestina, Israel, Turquía, Chechenia y muchos más, hacen que las economías no crezcan, hacen de la inseguridad financiera una limitación de llevar inversión directa a muchos países, por lo que, se debe seguir procurando lo necesario para convencer de las bondades de la globalización, de que el libre mercado no solo sea benéfico para algunos países, sino que en realidad se convierta en un gran motor, que genere los cambios positivos y las personas, no generen grandes migraciones, buscando un porvenir que no encuentran en sus países de origen, sea desea una estabilidad monetaria, se desea un entendimiento económico, y con todo esto, evitemos una crisis financiera y económica (que por desgracia no ha sido desterrada), lo cual nos haría más vulnerables a sus consecuencias.

Aprendamos a tener una mejor visión de lo que ahora es la economía y en la medida que los países logren crecimientos constantes y fuertes, en esa medida la seguridad de las personas será mejor en su patrimonio, en su familia y en su desarrollo personal.

CAPÍTULO I

La Globalizacion

1. GLOBALIZACIÓN: NI UNA DEFINICIÓN NI UNA TEORÍA.

A la fecha no se tiene una definición sobre este tema, y si acaso, apenas se siente un tanto inaprensible, elusiva y vaga y en ocasiones hasta caótica y redundante, muy a pesar de que diferentes investigadores han estado demostrando la existencia de la globalización. No obstante no se cuenta con una definición consensuada de ella. Giddens en un estudio que realizó durante los años 2000, a 2001, expresa que la globalización no solo es económica, sino que es política, tecnológica y cultural. La globalización como término se ha globalizado debido a cambios intensos y dramáticos, en un mundo donde la incertidumbre es ostensible. Este investigador hace énfasis en la interacción de aspectos económicos, socio-políticos, culturales y ecológicos; de ahí que expresa, que no debería hablarse solo de globalización sino de globalizaciones.

Para el investigador Scholte, la globalización implica un crecimiento de relaciones supraterritoriales entre los pueblos. Para el investigador Tomlinson en 1999 caracteriza esta condición empírica como una interconectividad compleja, similar a un grupo de conexiones multivalentes que unen nuestras prácticas, nuestras experiencias y nuestros destinos políticos, económicos y ambientales a través del mundo moderno.

Desde los puntos anteriormente expuestos, la globalización implica una desterritorialización. Otros se refiere a la globalización como un conjunto de actividades, las políticas, las prescripciones del Fondo Monetario Internacional (FMI), del Banco Mundial (BM), de la Organización Mundial del Comercio (OMC), del Tratado de Libre Comercio (TLC), organismos que se han preocupado por crear un mercado libre de bienes y servicios de alcance global. El Banco Mundial afirma que la globalización ha favorecido la lucha contra la pobreza en más de 20 países en desarrollo, aunque no deja de reconocer que debe haber contribuido a aumentar la desigualdad. Hans Kochler, afirma que la globalización constituye una nueva fase de colonización colonización en el Tercer Mundo. Se trata de un discurso ideológico de cómo asegurar el progreso económico bajo el modelo de la democracia norteamericana y de las condiciones de las reglas del libre mercado establecidas por la Organización Mundial del Comercio. Las instituciones occidentales, tales como el capitalismo del libre comercio, el racionalismo tecnológico, o la democracia liberal, todas ellas se están convirtiendo en globales.

A mediados de enero del 2004 se reunieron en Mumbai, India, los participantes del Foro Social Mundial (FSM), una plataforma tradicional en la que los oponentes a la Globalización, expresaban por igual su rechazo a la guerra y a todas aquellas formas de discriminación, incluyendo el racismo, el patriarcado y la religión, lo anterior fue expresado al periódico Economics Time de la India, por el economista Gautam Modi, quien en ese foro era uno de los organizadores.

Días después se llevaría a cabo el Foro Económico Mundial en Davós Suiza, cuyo tema fue "Asociarse para conseguir prosperidad y seguridad". El objetivo del foro en esa fecha era encontrar las herramientas necesarias para entablar las relaciones que buscaran resolver los problemas de la globalización.

2. ¿QUÉ ES LA GLOBALIZACIÓN?

2.1 La globalización.

Para David Dólar, Director de políticas para el desarrollo del Banco Mundial, habló sobre el fenómeno denominado globalización y expresó:

Prefirió utilizar el término integración, porque según él es más exacto que el de globalización. Sigue diciendo que la integración económica se produce cuando los países reducen barreras (tales como los aranceles de importación) y se abren a la inversión y al comercio con el resto del mundo.

2.2 Según lo expuesto por Walden Bello.

a). La crisis del proyecto globalizador

En la organización Mundial del Comercio desde hace ya varios años las negociaciones entre los países filiales a esta organización han fracasado y se ha dicho constantemente que esta organización está en crisis. El obstáculo mayor para que las negociaciones llegasen a buen término ha sido el constante rechazo de parte de los EEUU y de UE para reducir los gigantescos subsidios a la agricultura y su insistencia, contra la resistencia generalizada de los países en desarrollo, en llevar al ámbito de la OMC temas no estrictamente comerciales como la inversión y los contratos gubernamentales. Mientras tanto Washington y Bruselas continúan enfrentados por la multitud de temas, incluyendo la moratoria de la UE sobre los alimentos modificados genéticamente. Los países en desarrollo, que una vez tuvieron esperanza de que la OMC traería mayor equidad al comercio mundial, comparten unánimemente la visión de que lo que han obtenido mayoritariamente por estar dentro de la OMC son incremento en los costos y pocos son los beneficios logrados.

b). Tres momentos de la crisis de la globalización.

Según Walden Bello, la globalización y el unilateralismo de los EEUU no encajan, esto lo sustenta en tres momentos que bajo su perspectiva han sido clave en la profundización de la crisis del proyecto globalizador.

El primero fue la crisis financiera asiática de 1997. Este acontecimiento que derrumbó a los entonces orgullos "tigres" del este asiático, reveló que uno de los puntos clave de la globalización (la liberalización de las cuentas de capital para fomentar el movimiento más libre de capitales, especialmente capital financiero o especulativo) podía ser profundamente desestabilizador. Lo anterior se comprobó cuando un sin número de personas tanto en Tailandia, como en Indonesia en unas cuantas semanas, pasaron a engrasar las filas de personas pobres. El ambicioso proyecto de someter a 100 economías a un "ajuste estructural" provocó el estancamiento de la economía, así como a una mayor pobreza y desigualdad.

Poco después de la crisis financiera asiática, algunos intelectuales clave en la defensa del modelo neoclásico del libremercado empezaron a abandonar el barco: Jeffrey Sachs, famoso anteriormente por su defensa de un tratamiento de choque del "mercado libre" en Europa del Este a principios de los 90; Joseph Stiglitz, antiguo economista jefe del Banco Mundial; el catedrático de la universidad de Columbia Jagdish Bagwati, que pidió controles globales a los flujos de capitales; y el financiero George Soros, que condenó la falta de controles en el sistema financiero global que le habían enriquecido.

El segundo momento de la crisis del proyecto globalizador fue el fracaso de la tercera cumbre ministerial de la OMC en Seattle en diciembre de 1999, resultado de la intersección de tres elementos de descontento:

El de los países en desarrollo, resentidos por las desigualdades de los acuerdos de la Ronda de Uruguay que se habían sentido obligados a aceptar en 1995.

La oposición de numerosísimos sectores de la sociedad civil, los conflictos comerciales sin resolver entre EE.UU. y Europa, especialmente en agricultura

El tercer momento de la crisis fue el colapso de la bolsa y el fin del "boom" de Clinton. La caída estuvo relacionada con la sobrecapacidad del sector industrial, con el ejemplo más evidente en el sector de las telecomunicaciones, donde sólo se utilizaba el 2,5% de la capacidad global instalada. Este estancamiento de la economía real llevó a que los capitales se movieran hacia el sector financiero, produciendo la vertiginosa subida de la bolsa. Pero puesto que la capacidad de generar beneficios del sector financiero no puede desviarse mucho de la capacidad de la economía real, el colapso de los valores bursátiles fue inevitable. Esto ocurrió en marzo de 2001, provocando un estancamiento prolongado y la aparición de la deflación.

c). La nueva economía de George W Bush.

El gobierno del presidente Bill Clinton fomentó la política de un dólar fuerte que permitiera estimular las economías alemana y japonesa, para que a su vez pudieran servir de mercado para los bienes y servicios estadounidenses.

El proyecto globalizador corporativo expresaba los intereses comunes de las élites capitalistas mundiales, pero no eliminó la competición entre las distintas élites nacionales. Como ha señalado Robert Brenner, a mediados de los 90 la administración Clinton fomentó la política de un dólar fuerte para estimular la recuperación de las economías alemana y japonesa, para que así a su vez pudieran servir de mercado para los bienes y servicios estadounidenses. Por el contrario la anterior administración, la de Reagan, más nacionalista, había empleado una política de dólar débil para aumentar la competitividad de la economía estadounidense a costa de alemanes y japoneses [2]. Con la administración de George W. Bush volvemos al dólar débil y otras políticas económicas dirigidas a reanimar la economía estadounidense a costa de otras economías importantes. Merecen destacarse varias características de este enfoque:

La economía política de Bush desconfía de un proceso de globalización no manejado por el estado norteamericano.

La administración Bush desconfía de un sistema de gestión multilateral de la economía global. Su creciente ambivalencia hacia la OMC resulta del hecho que los EE.UU. han perdido varios casos allí. Para la gente de Bush el poder estratégico es la fuente última de poder. El poder económico es sólo una forma de conseguir poder estratégico. Por ejemplo, el enfoque globalizador hacia China pone el énfasis en una relación con China como área de inversión y mercado para el capital estadounidense. Sin embargo, los nacionalistas ven China básicamente como un enemigo estratégico a contener.

Si se consideran éstas las premisas para la acción, entonces cobran sentido los siguientes elementos destacados de la reciente política económica estadounidense:

Conseguir el control sobre el petróleo de Oriente Medio. Esto claramente estaba dirigido en parte a Europa, pero quizá el mayor objetivo estratégico era controlar el acceso a los recursos de la región para la China necesitada de energía Incorporar consideraciones estratégicas a los acuerdos comerciales. En un reciente discurso, el agregado comercial estadounidense Robert Zoellick afirmó explícitamente que "los países que pretendan obtener acuerdos de libre comercio con Estados Unidos deben cumplir ciertas normas además de las comerciales y económicas para ser considerados. Como mínimo estos países deberán cooperar con los EE.UU. en sus objetivos de política exterior y seguridad nacional, como parte de los 13 criterios que guiarán la selección por parte de EE.UU. de los potenciales socios del ALCA".

Manipular el valor del dólar para forzar a las economías industriales competidoras a soportar mayores costes, recuperando así competitividad para EE.UU. Éste es un claro esfuerzo para reanimar la economía estadounidense a costa de la Unión Europea y otras economías importantes. Manipular a las agencias multilaterales para defender los intereses del capital estadounidense. Esto se hace más fácilmente en el Banco Mundial y en el FMI, donde la dominación estadounidense está más eficazmente institucionalizada, que en la OMC. Por ejemplo, el Mecanismo de Reestructuración de la Deuda Soberana propuesto por el FMI para ayudar a los países en desarrollo a reestructurar su deuda fue vetado por el Tesoro estadounidense [equivalente norteamericano, al menos en algunas de sus funciones, a los bancos centrales europeos] en interés de los bancos estadounidenses, aunque tenía el apoyo de muchos gobiernos europeos. [3]

d). Política y economía del expansionismo

La globalización es un proceso que ha dado origen a un sinfín de debates en los últimos años, lo cual ha dado cabida a un sin número de manifestaciones en contra, tanto en Europa, como en América Latina. Lo anterior se fundamenta en que a dicho proceso se le considera como el causante de una explotación despiadada de los habitantes en distintos países en vías desarrollo, lo que ha generado distintas alteraciones en su vida cotidiana y que dicho movimiento no aporta los beneficios que los apoyadores de dicho evento han ofrecido, eso se ha podido comprobarse en países emergentes como: China, Vietnam, India y Uganda, entre otros.

El significado de globalización económica se relaciona con el hecho de que en los últimos años una parte de la actividad económica del mundo que aumenta en forma vertiginosa parece estar teniendo lugar entre personas que viven en países diferentes, adoptando formas como:

El Comercio Internacional. El libre traslado de bienes y servicios de un país a otro, es la actividad que en los últimos años se ha incrementado, ya que la producción de muchos países se ha visto acrecentada en lo relacionado con exportaciones e importaciones, lo cual ha beneficiado al crecimiento de su PIB.

3.   PUNTOS DE VISTA MÁS, SOBRE GLOBALIZACIÓN.

a). Comercio internacional

b). Inversión extranjera directa

c). Flujos del mercado de capitales

d). Observaciones generales sobre globalización

Además de lo que ya se ha explicado acerca de lo que es la globalización desde varios enfoques, es importante destacar los siguientes aspectos que han sido influenciados por el proceso de globalización, por lo que, se hace una descripción de dichos factores:

a). Comercio Internacional.

El comercio internacional es la vez causa y efecto de la globalización, en un proceso cíclico de retroalimentación. La globalización se produce por el incremento universal del comercio entre empresas situadas en diferentes países, pero a su vez la situación creada ha hecho más propicio el aumento de las actividades comerciales.

Durante el año 2000 el comercio internacional creció a una tasa del 12%. Es probablemente la tasa de crecimiento más alta desde la primera década del siglo XX que precedió a la Primera Guerra Mundial. La tasa de crecimiento del comercio representó casi el triple de la tasa de crecimiento del producto mundial (4.2%). Es decir que el comercio crece más deprisa que la producción.

En el 2001, en cambio, la tasa se redujo a menos de la mitad, porque los grandes países, que son los que más comercian, entraron en recesión. El comercio es uno de los campos donde más se muestra la globalización, para bien, cuando las economías crecen, y para mal, cuando se contraen. Es también la esfera que más críticas cosecha, por ser muy visible y afectar la vida cotidiana de muchas personas, empresarios, trabajadores, y los consumidores que somos todos los ciudadanos. En la actualidad es muy difícil concebir un desarrollo económico sin comercio exterior. Ya no hay lugar para utopías en las economías cerradas y que nos estén ligadas entre sí, con países grandes productores y países grandes consumidores.

Una de las características de los tiempos modernos es la integración de los mercados nacionales en una vasta red mundial que ofrece muchas innovaciones tecnológicas y organizativas. Quedarse al margen de esa red es el principal problema que tienen hoy los países más pobres de la tierra, porque les supone quedarse estancados en la pobreza y cerrarse al progreso.

b). La Inversión Extranjera Directa (IED).

Ésta ha ido en aumento cada día generando inversiones de empresas asentadas en otros países que buscan establecerse y operar sus negocios en otros países. Cada vez año con año nos damos cuenta de los aumentos de flujos globales de inversión extranjera directa, la cual, algunos gobiernos la ven con buenos ojos (es más, muchos de esos gobiernos hacen viajes al extranjero buscando convencer a otros gobiernos para que inviertan en sus países). Lo anterior lo consideran importante basados en que con la llegada de dicha inversión habrá generación de nuevos empleos, habrá mayor derrama de flujos de efectivo y por tanto, la calidad de vida de los países a donde llegue la inversión directa se va a mejorar. **A la fecha, la Inversión Extranjera Directa, es la principal afluencia de capital privado hacia los países en vías de desarrollo.**

c). Flujos del mercado de Capitales.

En las últimas décadas, los ahorradores de otros países han diversificado cada vez más sus carteras con activos financieros extranjeros (bonos, acciones y préstamos del exterior), mientras que los prestatarios buscan progresivamente fuentes de financiamiento foráneas, además de las nacionales. Sin embargo este tipo de inversiones que se realizan en los mercados financieros de los países emergentes se vuelven demasiado volátiles, puesto que este tipo de inversión, solo busca incrementar sus ganancias, y cuando los inversionistas sienten que sus capitales se sienten amenazados por movimientos sociales o políticos, cambian de un país a otro, buscando ser mejor cobijados con rentas de mayor calidad.

El Banco mundial (el organismo mayor promotor de la globalización) hace algunas acotaciones en cuanto a lo que es y se desea que fuese la globalización:

En primer lugar, hablar de globalización resulta crucial el referirse a las distintas formas en que este problema puede adoptar; así se relaciona a ella: el comercio internacional, la inversión extranjera directa, flujos del mercado de capitales, factores que tienen consecuencias distintas: beneficios potenciales por un lado, costos y riesgos por otro, los cuales demandan valoraciones y respuestas diferentes. El Banco mundial ha privilegiado a la mayor apertura comercial, que a la inversión extranjera directa, puesto que la primera representa para los países exportadores menos costos y menos riesgos, que la segunda, ya que si las empresas debido a la exportación crecen, podrán generar más empleos y desde luego aumentará el flujo de efectivo, con lo que la economía tendrá un mayor crecimiento.

En segundo lugar, **el grado de participación de los distintos países en la globalización también dista de ser uniforme.** Para muchos de los países más pobres y menos desarrollados, el problema no radica en que la globalización los haga más pobres, sino en la amenaza de que puedan ser excluidos de ella. Lo anterior se denota en las tasas de crecimiento de los mismos, las cuales en ocasiones se vuelve negativa, y en consecuencia la pobreza hace presencia y los problemas sociales surgen, generando desconfianza hacia la inversión extranjera, que pudiera en un momento dado, ser parte de la solución a la eliminación de pobres.

En tercer lugar, **es importante tener presente que la globalización económica no es una tendencia totalmente nueva.** De alguna manera ha formado parte de la historia humana desde tiempos remotos, cuando poblaciones muy dispersas se involucraron gradualmente en relaciones económicas más amplias y complejas. La globalización disfrutó de un florecimiento temprano hacia finales del siglo XIX, principalmente entre los países que hoy son los desarrollados o ricos. Ese proceso de globalización resurgió a mediados del siglo XX, época de creciente proteccionismo en un contexto de amargas luchas nacionales y de poderío, guerras mundiales, revoluciones, auge de ideologías autoritarias y gran inestabilidad económica y política.

En los últimos cincuenta años, el curso de los acontecimientos ha cambiado, favoreciendo en mucho a la globalización. Las relaciones internacionales han cambiado, debido al surgimiento de organizaciones como las Naciones Unidas, organismo que ha luchado a favor de las buenas relaciones políticas entre los diferentes estados, igualmente la aparición del GATT (actualmente la Organización Mundial del Comercio

OMC), la cual marca las normas que ayudan en el buen manejo de las políticas comerciales y las controversias que surjan debido a las políticas de proteccionismo que muchos países establecen, a fin de evitar la competencia desleal de otros países.

Mas sin embargo, y muy a pesar de todas las organizaciones que existen y que han buscado la armonía entre los países en el entorno mundial, a la fecha los problemas políticos siguen, hemos visto la caída de gobiernos, las luchas sociales derivadas por el problema de la pobreza, sigue existiendo la mala distribución de la riqueza, los intereses sociopolíticos de los países fuertes hacia los más débiles o en aquellos que aún no consolidan su desarrollo y crecimiento económico.

Así presenciamos el advenimiento de una Crisis Financiera Mundial la cual afectó muy fuertemente la Globalización, derivado del hundimiento que tuvieron los flujos internacionales de comercio y capital. Sin embargo esto no afectó en la liberalización que han tenido los reglamentos que regulan el movimiento de bienes, capital y personas que es en realidad la base de la Globalización.

La Organización Mundial del Comercio (OMC) que es el organismo que regula el comercio internacional, pasó el bache generado por la crisis financiera. En este ámbito las empresas están sujetas a cadenas internacionales de suministros lo cual les permite mantenerse en forma competitiva, desde luego pensando aumentar sus ingresos. Lo anterior les puede abrir el camino hacia la globalización y la economía siga en recuperación.

Mas sin embargo, la crisis económica ha seguido siendo un obstáculo ya que los riesgos afectan en demasía a la globalización, lo cual va a generar barreras al comercio, al capital y al trabajo y ello puede ser una regresión.

Desafortunadamente la globalización estuvo involucrada en la crisis económica, tomando en cuenta que los mercados se volvieron muy liberalizados en cuanto a los capitales, puesto que éstos, son necesarios para el crecimiento y desarrollo de la economía mundial.

Los gobiernos en todo el mundo están preocupados a la fecha, en cuanto a que tipo de medidas deben adoptar a fin de poder prevenir la repetición de la crisis, lo cual volvería a disminuir los flujos de efectivo internacionales de capital.

Los mercados emergentes a consecuencia de la globalización en occidente, generó implicaciones no esperadas y eso hizo que hubiera adquisiciones de firmas occidentales entre competidores en dichos mercados emergentes (el problema más grave se dio en virtud de que muchas de las adquisiciones que se hicieron pertenecían o eran de propiedad estatal), lo que al mismo tiempo propició presión en lo relativo a empleos y salarios. La crisis motivo la generación de una desconfianza occidental en la búsqueda de la prosperidad económica, lo que provocó en ensanchamiento en el desempeño de las economías occidentales y los principales mercados emergentes.

Dentro de las críticas que se le hacen a la globalización es que a medida que no se dé un crecimiento sostenido, el desempleo se mantendrá elevado y la recuperación así podrá tardar hasta el año 2014. Al no haber empleo, se correrá el riesgo de que los gobiernos puedan caer una vez mas en el proteccionismo hacia la planta productiva, con lo que se cree que los gobiernos más afectados por la crisis, puedan tomar medidas unilaterales. Esto también podrá orillar a dichos gobiernos a reformar sus unidades monetarias, a fin de hacer frente a la acumulación de reservas, lo cual llevará a complicar la libertad comercial, sobre todo si se empieza a propalar medidas proteccionistas, a fin de regular sus balanzas comerciales.

¿Se podrá controlar la Globalización? Eso va a depender si se evita el descarrilamiento de los factores generadores de crisis y que obligarán a los gobiernos a echar mano de los avances tecnológicos a fin de mejorar la productividad buscando ser más eficientes y reconquistar los mercados. Todo ello también, presionará a que se vuelvan más cautelosos en la práctica comercial mundial.

El Dr. Alfredo Jalife Rahme autor del libro "La Globalización", según comentario hecho por el profesor de la Facultad de Ciencias Administrativas, de la Universidad de Baja California, expresa que en dicho libro planteó que la Globalización la divide en tres tipos: la económica, la financiera y la petrolera, cada una de ellas con matices diferentes y resultados adversos en la mayoría de los países, con beneficio para solo unos pocos. El Dr. Jalife arremete fuertemente contra las supuestas bondades de la teoría de globalización, la cual ha fallado en su aplicación en países pertenecientes al G-7 cuando en realidad los primeros beneficiados han sido los "tenedores del capital", mientras que los más perjudicados han sido los obreros. En el mencionado libro según el Profesor Ibarra, se señala que el 20% de la población a la que denominan "plutocracia", ha logrado aprovechar la globalización para sus propios intereses, mientras que el 80% restante permanece en la pobreza, en la marginación y en la desigualdad y destrucción del medio ambiente, entre otros problemas.

En el mencionado estudio el Dr. Jalife establece una diferencia entre la llamada globalización económica y la financiera, en la primera las naciones se enfocan en la exportación de bienes y servicios, lo cual en la última década ha favorecido a las potencias mundiales, pero también ha permitido el repunte de las economías "emergentes" que cada vez se insertan en un escenario geopolítico y económico.

Por otra parte, en la economía financiera se han enfocado a la desregulación de los mercados, de las instituciones financieras, lo cual ha generado la especulación, la generación de los paraísos fiscales, la contabilidad creativa, la cual ha permitido la proliferación de fraudes a través de los derivados financieros.

En síntesis, en el mencionado libro se afirma que la globalización financiera solo busca la concentración de la riqueza de los dueños del gran capital en los países desarrollados y no ha permitido que los beneficios económicos fluyan hacia todas las economías para que, de esa manera, el beneficio pueda ser colectivo.

d). Observaciones Generales.

A estas fechas hablar de la globalización es importante que se tenga una idea bien definida, sobre todo por la diversidad de formas que ha ido adoptando. Ya comenté lo relacionado con el comercio internacional, con la inversión extranjera directa (IED), y flujos del mercado de capitales, todas estas cuestiones plantean situaciones diferentes y consecuencias diversas, por un lado y para los países desarrollados representan beneficios y por el lado de los países en desarrollo, se ha visto que se les han incrementado los costos y los riesgos, lo que demanda una valoración distinta. De ahí que el Banco Mundial ha privilegiado la mayor apertura de comercio y de a inversión extranjera directa (IED), porque según esta institución los beneficios en materia de desarrollo económico y reduce la pobreza y por tanto, hace saber que los costos y riesgos son relativos, y que se les presta mayor atención a las políticas específicas las cuales mitigan o atenúan los costos y los riesgos. El Banco Mundial por otro lado se muestra más cauteloso respecto a la liberalización de otros flujos financieros o de mercado de capitales, cuya volatilidad puede fomentar en ocasiones ciclos de auge y depresión, y crisis financieras con grandes costos económicos, como sucedió desgraciadamente durante la crisis de los mercados emergentes del Este Asiático y en alguna otra parte en 1997-98. Es por ello que se recomienda en la creación de instituciones y políticas nacionales de apoyo que reduzcan los riesgos de las crisis financieras, antes de emprender una apertura de cuentas de capital ordenada y cuidadosamente escalonada.

En segundo lugar, **el grado de participación de los distintos países en la globalización también dista de ser uniforme**. Para muchos de los países más pobres y menos desarrollados, el problema no radica en que la globalización los haga más pobres, sino en la amenaza de ser excluidos de ella. En 1997, la mínima participación de estos países en el comercio mundial, con una cifra que asciende al 0,4%, correspondió a la mitad de su participación en 1980. La tasa de crecimiento de estos países también está muy por debajo de las que disfrutan los países en desarrollo más globalizados. Durante la década de los noventa, los países menos globalizados presentaron como promedio tasas de crecimiento negativas, mientras que los países en desarrollo más globalizados aumentaron su tasa de crecimiento per cápita de 1% en los sesenta a 3% en los setenta, hasta 4% en los ochenta y 5% en los noventa. Por otra parte, el acceso de los primeros a la inversión extranjera privada sigue siendo insignificante. Lejos de condenar a estos países al aislamiento y la pobreza continua, la tarea urgente de la comunidad internacional es ayudarlos a integrarse aún más en la economía mundial, brindándoles asistencia para ayudarles a crear instituciones y políticas de apoyo, así como para continuar ampliando su acceso a los mercados internacionales. En tercer lugar, **es importante tener presente que la globalización económica no es una tendencia totalmente nueva**. De hecho, y en un nivel primario, ha formado parte de la historia humana desde tiempos remotos, cuando poblaciones muy dispersas se involucraron gradualmente en relaciones económicas más amplias y complejas. En la era moderna, la globalización disfrutó de un florecimiento temprano hacia finales del siglo XIX, principalmente entre los países que hoy son desarrollados o ricos. En muchos de estos países, los flujos comerciales y del mercado de capitales en relación con el PIB se acercaban o superaban a los de años recientes. Ese temprano despuntar de la globalización se revirtió en la primera mitad del siglo XX, época de creciente proteccionismo en un contexto de amargas luchas nacionales y de poderío, guerras mundiales, revoluciones, auge de ideologías autoritarias y gran inestabilidad económica y política.

En los últimos cincuenta años, el curso de los acontecimientos ha cambiado nuevamente favoreciendo una mayor globalización. Las relaciones internacionales se han calmado (al menos en comparación con la mitad de siglo anterior) debido al respaldo de la creación y consolidación del sistema de Naciones Unidas como medio de resolver pacíficamente las diferencias políticas entre los Estados, y de instituciones como el GATT (actual OMC), que proporcionan un marco reglamentario para que los países manejen sus políticas comerciales. El fin del colonialismo sumó innumerables nuevos actores a la palestra mundial, a la vez que eliminó una mancha vergonzosa asociada al temprano episodio de globalización del siglo XIX. La Ronda Uruguay del GATT de 1994 presenció por primera vez la participación de los países en desarrollo en una amplia gama de temas de comercio internacional multilateral.

El ritmo de la integración económica internacional se aceleró en la década de los ochenta y los noventa, cuando en todas partes los gobiernos redujeron las barreras políticas que obstaculizaban el comercio y la inversión internacional.

Entre los ejemplos que se pueden presentar en cuanto a las naciones que llevaron amplias reformas económicas, está China, nación que desde los años setenta, al separarse de la influencia comunista y reforma llevada a cabo en su momento por Mao, ha hecho que su economía haya tenido un crecimiento en los últimos diez años de 9.9% anual.

A veces el término globalización se emplea en un sentido económico mucho más amplio, término muy relacionado con el capitalismo o a una economía de mercado. La tecnología no es algo que vaya a la deriva, sino por el contrario es una actividad muy ligada el desarrollo de las naciones, por su alto significado en la consecución de los objetivos que cada país se ha propuesto lograr a fin de no quedar fuera del movimiento económico en constante crecimiento.

e. Globalización Controlada.

A pesar de los distintos problemas que se han presentado como consecuencia de la globalización, se ve poco probable que en un futuro inmediato, ésta se pueda cambiar o que tome rumbos distintos, ya en tiempos pasados se vieron episodios de globalización, pero en la actualidad los avances tecnológicos han hecho que la interconexión sea cualitativamente diferente a lo que se vivió en los inicios de la globalización. Sin embargo, dados los diversos problemas financieros y económicos que se han derivado de las secuelas de la crisis del 2007 al 2009, prevén que todo el proceso de globalización vaya a ser analizado de tal manera que ayude a contrarrestar los cambios que se puedan dar en este fenómeno.

Uno de los problemas que más están afectando a los diversos países (sobre todo en la Comunidad Europea), es el relativo a la inmigración lo cual está conduciendo a establecer barreras que eviten la llegada de trabajadores de distintas nacionalidades que desean satisfacer la falta de empleo (o buenas remuneraciones) en sus países de origen.

Un fenómeno mas es el comercio, el cual debido a una competencia desleal (a pesar de las normas establecidas por la Organización Mundial del Comercio), son pocos los que respetan acuerdos, puesto que quienes se ven afectados por el ingreso en forma ilegal de mercancías (muy a pesar de los acuerdos y tratados comerciales firmados), los países en cuestión reclaman a sus contrapartes el proteccionismo, se han establecido barreras no tarifarias, con lo que se espera proteger a ciertos sectores y que en poco tiempo no se ve que vayan a ser suspendidas.

Lo anterior, ha generado agrupamientos de economías de países como Brasil, Rusia, India y China (BRIC) o países como Colombia, Indonesia, Vietnam, Egipto, Turquía y Sudáfrica (CIVETS). En ese mismo camino vemos a países que se consideran rezagados en sus desarrollos económicos y que a pesar de ello se siguen abriendo caminos a fuerza de decisión y trabajo, como está sucediendo en los países como: Bangladesh, Nigeria, Ucrania e Irán.

Conforme las circunstancias que se han ido presentando, las tendencias en la inversión extranjera directa (IED), apuntan a que en un corto plazo la globalización será más lenta y la balanza se inclinará hacia los mercados emergentes.

Es improbable que el impacto de la crisis evite el surgimiento de una nueva fase de globalización, sobre todo por lo que cada día pasa en los mercados emergentes, y esto puede ser más definido por cuestiones del estancamiento que han tenido las economías de algunos países desarrollados, ya que no han podido superar del todo los problemas originados en la crisis.

A este respecto el politólogo John Gray escribió: "vivimos un giro geopolítico histórico, en el que el equilibrio de poderes mundial está siendo alterado irrevocablemente. La era de liderazgo global norteamericano iniciado en la II Guerra Mundial se ha terminado".

Pero ello no quiere decir que los Estados Unidos a la fecha vaya a dejar de ser la potencia mundial global dominante, quien esto expresó a la AFP, fue Nicholas Burns, profesor de política internacional y diplomacia en la Universidad de Harvard, Massachusetts.

Burns siguió diciendo: "El poderío militar de Estados Unidos y su influencia política hacia el mundo todavía no tienen un gran rival" Estados Unidos seguirá siendo la mayor economía del mundo, con sus grandes ventajas tales como: la capacidad innovadora, el desarrollo de la biotecnología y la nanotecnología.

De acuerdo a las nuevas normas instaladas en el Sistema Financiero de la unión americana, no hizo que el poderío financiero de Wall Street se derrumbara, pero los movimientos habidos en dicho mercado, fueron considerados como una revancha en contra de otros países, que por desgracia hicieron oídos sordos al consenso de Washington.

Precisamente por los diversos movimientos habidos en el mercado financiero de Nueva York, fue que los líderes de las operaciones globales, en otros tiempos prominentes y confiables, pasaron a suplicar a los bancos centrales y al tesoro de EEUU. Hay quienes están en rebeldía contra la socialización de las pérdidas, la utilización del dinero público tratando de impedir el colapso de los codiciosos. Hay quienes sugirieron que el auxilio fuera prestado bajo condiciones duras para los temerarios a fin de impedir que sus incompetentes imprudencias fueran premiadas.

Para muchos de los involucrados en la debacle financiera derivada de toda esa situación habida en los mercados, era fácil decir que quienes habían tenido la culpa y deberían de recaer las amonestaciones debieron ser Paulson y Bernanke, puesto que ellos fueron los proponentes de la desregulación de los mercados, a fin de que fueran usados los derivados de las tarjetas de crédito, de la hipotecas basura y el otorgamiento de financiamiento indiscriminado para la compra de automóviles.

Para los congresistas les resultó muy fácil pasar por los comités de finanzas las normas solicitadas por los organismos reguladores del sistema financiero y facilitar el uso de los derivados, que más tarde llevaron a la generación de la crisis financiera, con lo que la nación más poderosa, se encuentre a la fecha sumida en problemas de: desempleo, inflación, de crecimiento de su deuda y desde luego del abultamiento de su déficit fiscal, ya que la emisión de bonos (deuda) han sido adquiridos por naciones como China, Japón (entre otras), con lo que el debilitamiento del poderío como nación se está previendo afectará a la debilidad del dólar.

Lo anterior ha estado ligado a lo previsto en un libro **denominado Los límites del crecimiento**, editado en el año de 1972, por el Club de Roma en que se hicieron análisis relativos a: el aumento de la población, la contaminación, la producción industrial, el consumo de recursos y la producción de alimentos. En ese momento la mayoría de los economistas menospreciaron el contenido de dicho libro y lo ahí anotado, fue ignorado por los gobiernos, muy a pesar de que muchos expertos en la actualidad siguen argumentando que se tiene que reformar la economía, ya que lo que se tiene en la actualidad no da respuesta a las demandas de la población en general.

El camino que se ha tomado en materia de desarrollo económico, es lo que ha hecho el que los alimentos se estén encareciendo, los costos en la producción se han elevado por igual, todo como consecuencia de la carencia de combustibles y ello puede desencadenar la desaceleración de la industria, lo que finalmente afectará a la economía de acuerdo a pronósticos para el año 2020.

Lo que se sugiere es que se debe disminuir el crecimiento de los negocios y pasar a una economía controlada, debe haber un mayor control poblacional, de lo contrario podrán agotarse los recursos y los cambios climáticos ya los estamos viendo, y así nos hemos dado cuenta del incremento de la contaminación en diferentes ciudades del mundo.

La globalización está llevando al mundo a diversos desequilibrios.

En los meses de Enero y Febrero, se llevaron a cabo dos eventos de índole financiero y económico, concretamente el Foro Económico de Davos y la Reunión del G-20.

En el Foro, se debatió lo que se ha hecho en las reuniones anteriores, el futuro de la Economía Global. En dicho evento se organizaron 200 comisiones, en las que diversas personalidades debatieron sobre el tema económico y el comportamiento financiero en el mundo.

Fueron motivo de preocupación para los participantes, por lo menos 37 riesgos a los cuales está expuesta la sociedad mundial, riesgos que están reflejadas en: 1. En las disparidades económicas, en términos de la distribución de la riqueza y el ingreso, lo cual se contempla no solo dentro de cada uno de los países, sino dentro de los países desarrollados y en los países subdesarrollados; 2. La frágil gobernabilidad mundial, derivada de las débiles instituciones globales, acuerdos y redes.

Lo anterior nos lleva a pensar que en esta primera década del Siglo XXI, estamos frente a un mundo, que a medida que crece en su conjunto, se va fraccionando como consecuencia de los distintos intereses de los gobiernos, los que han tenido que afrontar crisis financieras y económicas, así como desajustes en sus presupuestos, que los han obligado a ajustarse el cinturón, al mismo tiempo que han tomado medida drásticas en materia de incrementos en sus impuestos y los costo de los servicios públicos que prestan. Igualmente se han visto afectados con el problema del desempleo, y la baja en su productividad, lo que conlleva una baja en las exportaciones, haciendo decrecer el Producto Interno Bruto de cada nación.

Por lo que respecta a lo tratado en el G-20, el tema que acaparó su atención es el relativo al derrumbe de las tasas de interés; sin embargo, en el momento menos esperado, éstas de forma repentina se incrementaron, lo cual llevó a los participantes en esta reunión a discutir las decisiones a tomar, a fin de evitar un nacimiento de una crisis financiera y económica, que aunque se vislumbra un control, no se tiene la certeza de que las grandes economías hayan superado el problema del desempleo, la confianza del consumidor y en consecuencia, la demanda de bienes y servicios se ha visto limitada.

En este inicio de año (una vez mas Enero y Febrero), las economías de los países se enfrentan a: Alimentos caros, el resurgimiento de una Crisis Financiera, han estado cerrando una diversidad de bancos, se han presentado derrumbes fiscales, se prevé una guerra de divisas, la producción en el mundo no levanta como se quisiera, todo lo anterior se denota acompañada de una descomposición social, y, sino, veamos los acontecimientos habidos en Túnez, Egipto, Libia, Marruecos, lo cual ha hecho que los gobiernos de las grandes potencias, muestren una gran preocupación respecto a cómo sus propias economías se verán afectadas en el alza de los bienes y servicios.

En la reunión del grupo G-20, se analizó la lucha entre EEUU y China, en relación al problema del Yuan, moneda que los chinos no han querido ajustar de acuerdo a las presiones de la Unión Americana, ya que la potencia económica china, le resultaría perjudicial en cuanto a la enorme cantidad de exportaciones que realiza a todo el mundo.

A fin de llegar a controlar toda la problemática en materia de economía entre las diversas naciones, uno de los consensos a los que se llegaron en el G.20, es la de crear indicadores que puedan medir los desequilibrios financieros globales, incluyendo los tipos de cambios, con lo que se pretende controlar la controversia en los altibajos de las monedas más representativas en las economías de los países desarrollados y los subdesarrollados.

Como se puede ver, la Globalización a estas fechas, sigue sin mostrarse tal como se tenía previsto que resultara en sus inicios, estamos viendo que los beneficios del desarrollo no se estén distribuyendo en forma equitativa. Cada vez más la brecha entre los países ricos y países pobres es mayor, y la marginación se siente más marcada, lo que ha dado lugar a la aparición de vicios y debilidades (que aunque ya existían), como la corrupción, la crisis demográfica, la fragilidad de los estados, enfermedades que vulneran el control sanitario (lo vimos en años atrás con la Influenza), enfermedades que se creían controladas han estado apareciendo de nuevo, la falta de empleo está llevando a la población al comercio ilegal y al narcotráfico, inseguridad personal, crimen organizado, terrorismo, tráfico de armas, armas de destrucción masiva y como consecuencia de lo anterior, nos está llevando ahora a una crisis alimentaria.

Ante todo lo comentado, y en base al camino que está tomando la Globalización, es necesario que los grupos gobernantes tomen medidas que conduzcan a evitar las grandes divergencias, los conflictos de normatividad y hacer resurgir los valores, situación que nos fácil, pero no debe ser imposible, siempre y cuando haya voluntad de todos los países.

El proceso de globalización ha permitido la consolidación económica mundial de manera integral, y la crisis económica mundial actualmente ha llevado a facilitar la aplicación la gobernabilidad económica mundial; lo cual va a permitir la creación de un aparato económico de un gobierno mundial, incluido un banco central global y una moneda mundial. Este proceso se aceleró de manera exponencial a través de las crisis económicas, las cuales crearon la necesidad, el deseo la urgencia y los medios de establecer una estructura de gobernabilidad económica mundial, lo cual presumía "prevenir las crisis económicas" y "mantener" la economía mundial.

4. LA GLOBALIZACIÓN COMO UN ESTADO DE LA MATERIA SOCIAL

La globalización se puede asumir como un estado característico de la "materia social". Es el resultado de las interacciones multidimensionales entre agentes individuales, comunidades, naciones y regiones a través de códigos de interacción internacionales, transnacionales y globales. El fenómeno de la globalización, emergió como un estado de la materia social menos global, más local, y de una menor complejidad. En cuanto a estado de la materia social, este fenómeno es el resultado de la excitación propia de los agentes sociales, los cuales la condujeron a posibilitar el aprendizaje colectivo y a la acumulación de información y conocimientos.

5. LA GLOBALIZACIÓN COMO UNA ESTRUCTURA Y UN SISTEMA.

La globalización, como estructura sistémica jerárquica, se interconecta con diferente intensidad los agentes individuales, las comunidades locales, las naciones y las regiones. A fin de que se pueda entender la globalización algunos autores nos expresan que es necesario recurrir al concepto de un sistema.

La estructura jerárquica de las sociedades humanas no han sido tan claramente establecida. Para entender como tal, se han identificado varios niveles de organización, tales como la familia, el clan, las villas, el estado nacional. Existe una especie de sucesión de subsistemas que incluye, en orden de complejidad creciente, los agentes individuales, las familias y las comunidades (urbanas y rurales) dentro del marco de las naciones, prosiguiendo con las comunidades de naciones hasta el nivel global.

En el fenómeno de la globalización los subsistemas presentan heterogeneidad en el espacio y en el tiempo, y además generan fronteras difusas, especialmente en su forma y en algunas de sus dimensiones, determinadas por la actividad y los parámetros de sus elementos internos y sus interacciones con el entorno. Cada comunidad, a cualquier nivel, es solamente un componente o fragmento de un subsistema globalizado;

es decir, una población de individuos relacionados entre sí (economía, sociedad, política y culturalmente), que responde o reacciona como conjunto (comunidad, nación, región) a los efectos del ambiente externo, a su interconectividad con otros subsistemas, así como a su lógica interna.

6. LO NACIONAL Y LO GLOBAL.

Cuando se hace un análisis en cuanto al problema de globalización, existen diversas tendencias hacia ella a todos los niveles, en las comunidades locales, en las naciones, en las regiones. Al referirse a naciones no podemos dejar de pensar de que en éstas existe un sentido global en relación a las comunidades locales que la nación misma contiene. Lo local constituye el todo global, ya que es una condición de su existencia. La globalización está integrada de organismos locales, donde el conjunto de sus interacciones e interconexiones da soporte a una creciente globalización. A pesar de sus asimetrías, fragmentaciones, exclusiones, heterogeneidades y desigualdades, el fenómeno tiene características planetarias.

El fenómeno de la globalización no es algo exógeno a los subsistemas nacionales y regionales; estos son parte de la interconectividad planetaria. Las naciones (y los bloques regionales) en si mismas, son manifestaciones de eventos de globalización, de interconectividad creciente entre agentes individuales, comunidades y localidades. No solo en el sentido geográfico físico, sino en el sentido social e histórico. La globalización puede mirarse desde la perspectiva global, ya que está presente en todos los niveles. El concepto globalización abarca el nivel nacional, como un sentido jerárquico, el cual establece estrechas interconexiones entre los individuos, las, las comunidades locales, que conforman un sistema nacional de mayor complejidad, el cual trasciende y abarca lo local sin abolirlo.

Por tanto, la globalización como todo un sistema no puede ser ajeno a estructura de una nación, ya que esta incluye a las localidades, a las regiones, involucrándolas en toda la actividad económica, la cual será de mucha importancia en su análisis y en su comprensión.

7. LA GLOBALIZACIÓN INCREMENTA LA POBREZA EN EL MUNDO

En el inicio del siglo XXI el mayor problema que enfrenta el mundo es la pobreza. Esta sección analiza en primer lugar lo que sucedió con la pobreza mundial en los últimos diez años y luego describe la forma en que una mayor apertura al comercio podría afectar los niveles de pobreza a través de sus efectos sobre el crecimiento económico, una condición fundamental para la reducción de la pobreza. La información proporcionada en este documento sugiere que una mayor apertura tiene un efecto positivo sobre el ingreso per cápita y por ende debería tender a reducir la pobreza. Sin embargo, la apertura hacia el comercio internacional está lejos de ser la única influencia, o la más importante, sobre el crecimiento económico, y por eso se debe evitar la tentación de exagerar la magnitud de la globalización (como suelen hacer sus detractores y defensores más estridentes). La siguiente sección considera en qué medida una mayor apertura comercial podría afectar a la pobreza a través de otro medio, a saber, su efecto sobre la desigualdad.

8. LA GLOBALIZACIÓN DEBE BENEFICIAR A LOS POBRES

Un estudio que hizo el Banco Mundial y que denominó Globalizaton, Growth and Poverty: Building an Inclusive Word Economy, observó que 24 países en desarrollo que consolidaron su integración en la economía mundial en los decenios precedentes a los años finales a los años 90, lograron un mayor número de los ingresos, una esperanza de vida más larga y mejores niveles de escolaridad. Esos países, donde viven unos 3,000 millones de personas, tuvieron en los años noventa una tasa media de incremento del ingreso per cápita del 5%, frente al 2% en los países ricos.

Pero no todos los países se integraron con éxito en la economía mundial. El informe señala que alrededor de 2,000 millones en África al sur del Sahara, Oriente medio y ex Unión Soviética, viven en países que han quedado rezagados, pues les ha sido imposible profundizar su integración en la economía mundial. En promedio esas economías han sufrido una contracción y ha aumentado el porcentaje de su población que vive en condiciones de pobreza.

9. LA CARA OCULTA DE LA GLOBALIZACIÓN

A la fecha se sigue hablando de la Globalización como una teoría salvadora de la situación económica del mundo, sin embargo, no son más que una serie de procesos donde por desgracia son pocos que ganan y muchos los que salen afectados.

Mientras que los procesos aplicados en la globalización ha generado beneficios, que han hecho que un 20% aproximadamente de la población mundial gane un 74% más que el 20% más pobre y las 200 personas más ricas del mundo tienen más dinero que la suma del 40% más pobre de la población mundial.

Sin embargo, los apoyadores de las políticas neoliberales dicen que el crecimiento económico ha sido generador de riqueza, la verdad es que de la población mundial, un gran porcentaje de las mujeres siguen siendo tan pobres, que el mismo total de quienes integran la pobreza mayor en el mundo. Todo debido a la marginación que se sigue dando a este género, muy a pesar de lo que lleguen afirmar las Comisiones de Derechos Humanos en los distintos países, donde existen dichas comisiones, y donde se asegura que cada día más mujeres se incorporan al campo de trabajo en los distintos campos de actividad económica, política y social.

No deja de llamar la atención de que la globalización ha tenido algunos aciertos en África y América Latina, ya que en dichos continentes (como expreso en el párrafo anterior) se incorporan al empleo, pero dichos empleos son más en el campo de la informalidad, los cuales les generan ingresos precarios y flexibles, lo cual, de ninguna manera le da certeza en sus modos de vivir, como puede suceder en los trabajos ganados por el hombre. Se debe tener presente que el comercio es la actividad más significativa en el desarrollo y aceptación de la globalización en el mundo, y esa falta de oportunidades para la mujer, es lo que ha hecho que se incremente la inmigración de las mujeres; por desgracia también, la globalización ha generado que los gobiernos en los distintos países, ha hecho que decaiga el apoyo a los servicios públicos (salud, educación, agua y vivienda), independientemente que muchos gobiernos han aprobado y puesto en marcha programas de apoyo a toda población marginada, estableciendo programas de ayudas asistencias, becas a la educación en los niveles básicos, y aún así, no se dan los cambios esperados con la puesta en marcha del proceso globalizador.

La globalización económica no solo ha tenido impactos negativos, al mismo tiempo que ha generado limitaciones y grandes desigualdades, también (hay que tener presente) que en algunas naciones ha generado oportunidades debido a los cambios en las normas que rigen las relaciones entre géneros. Se ha visto y se ha proclamado que este proceso ha promovido niveles de acceso a las mujeres en el empleo, y por tanto se dice que este trabajar de la mujer le da independencia económica, para lo cual, tiene que esforzarse y de este modo alcance sus objetivos personales. Un problema grave al que también que enfrentarse la mujer debido a la globalización, es el que al tener que trabajar para contribuir al gasto familiar, muchas familias sean ido desintegrando, la educación (que es en seno familiar donde realmente se debe educar a los hijos) ha dejado mucho que decir en los últimos, dándonos cuenta que también dicha desintegración ha propiciado la vagancia, el que muchos jóvenes (hombres y mujeres) se han integrado a grupos comerciales de narcotráfico (de ahí el incremento en estos últimos años los asesinatos de personas demasiados jóvenes).

Total la globalización si es buena, como ya se expresó para unos cuantos, quienes se han hecho más ricos y para otros los ha orillado a la pobreza (y hasta delinquir), y a pesar de todo esto, se le sigue apostando a este movimiento económico, esperando que pronto puedan los países salir de su retraso y pobre crecimiento económico.

10. LA GLOBALIZACIÓN DEVASTA LOS SECTORES AMBIENTALES.

a. Cambio ambiental global: un proceso inédito

Hasta antes del siglo XX las sociedades en el mundo no fueron determinantes en el cambio ambiental de nuestro planeta. Salvo algunas consecuencias de las colonizaciones, el impacto de los cambios ambientales inducidos por la sociedad habían en forma local y de manera regional, dependiendo del tipo de actividad que las personas en su momento realizaban.

Pero fue la época del desarrollo industrial y a medida que se vinieron dando los cambios e innovaciones tecnológicas y nuevos procesos en el uso de los recursos naturales y humanos, así se vinieron dando los cambios en el medio ambiente, dando también origen al cambio de las actividades mecanizadas y automatizadas, usando combustibles fósiles, dando inducción al desarrollo desigual de países, regiones y sectores, así una de las palancas: las eras socio-tecnológicas en las economías de mercado, acrecentando la capacidad humana de extraer, producir y consumir recursos, hecho que ha venido degenerando el ambiente en el mundo.

Ese desarrollo económico, productivo y consumista ha hecho que la demanda de recursos naturales, planteando todos los días la preocupación de la pérdida de las reservas petroleras en el mundo. La pesca ha disminuido, debido a la contaminación del mar y de las presas y estanques captadores de agua, como consecuencia de que el hombre en general no tiene cuidado suficiente en proteger el medio ambiente y descarga en mares, ríos y embalses de agua todos los desechos químicos, lo que ha venido a redundar en el deterioro de la calidad de vida humana.

b. Ambiente y reestructuración de las formas de dominio.

Son dos situaciones que se han presentado con motivo del deterioro ambiental en el mundo: la primera cara es la histórica y actual apropiación, transformación, deterioro y venta in-equitativa de los recursos naturales y ambientes del globo; la segunda el desigual impacto socio-ambiental de las transformaciones ambientales que como humanidad estamos generando.

Como ha ocurrido siempre, es solo un puñado de países los que concentran la inversión extranjera directa (pues quienes hacen ese de inversión buscan siempre la seguridad de su dinero y altos porcentajes de utilidades sobre su inversión), la producción y venta internacional de bienes y servicios de mayor valor agregado. Con un 15% de la población, las ocho naciones más ricas, generan 50% del PIB mundial. La desigualdad se ha acentuado. Después de haber sido de 30.1 la proporción de ingreso entre el 20% más rico y el 20% más pobre aumentó al 78.1% en 1994.(Según datos proporcionados por el Banco Mundial) Ese mismo grupo selecto de países, regiones y sectores consume gran parte de los recursos y emite importante proporción de contaminantes que han venido conduciendo al planeta a una situación de no retorno.

Con 5.2% de la población mundial, Estados Unidos y Canadá consumen por ejemplo 28.1% de la energía y emiten 26.8% de los GEI. Mientras que contando con el 13.1% de la población África consume solo el 2.9% de la energía y emite 3.7% de los GEI, según información proporcionada por la Las Naciones Unidas.

El promedio de la población de países industrializados y los privilegiados del Sur, cionsumen el doble de los granos, el doble de pescado, tres veces más carne, nueve veces más papel y once veces más gasolina que los países en desarrollo. Las diferencias en los patrones de producción y consumo de países, regiones y sectores se plasman en la máxima "**todos somos responsables, pero unos más que otros**", que algunos países, académicos y grupos civiles defienden constantemente en los en los debates en torno al famoso del Protocolo de Kyoto. Las discrepancias consolidan formas de exclusión existentes y configuran nuevos mecanismos de diferenciación a nivel mundial.

c. Ambiente y reestructuración institucional.

Un grupo de países pertenecen al grupo de transformaciones institucionales giran en torno al comercio y el crecimiento económico. A este grupo de países los impulsan organismos como: La Organización Mundial del Comercio (OMC), el Banco Mundial (BM), el Fondo Monetario Internacional, y por países desarrollados principalmente. Han incluido decididamente en la creación de tratados comerciales globales, regionales y bilaterales para promover el comercio, protegiendo patentes y derechos de autor. Ha sido determinante la eliminación y modificación de tarifas, subsidios y regulaciones. Sobre todo por países en desarrollo.

Eso se tradujeron para nuestros países en la reducción de los de por sí bajos gastos en protección ambiental, el debilitamiento de las de por sí relativamente endebles regulaciones en la materia, y en políticas que fomentan una mayor presión sobre los recursos naturales. De ahí que sea más atractivo para corporaciones internacionales localizar en nuestras naciones actividades más intensas en el uso de recursos y la emisión de desechos. Un grupo más, hizo una serie de cambios institucionales que se han impulsado con el fin de gestionar los problemas ambientales globales. Los gobiernos han firmado tratados y regímenes internacionales y trans-fronterizos, que han permitido gestionar, con distintos niveles de efectividad, asuntos variados: contaminación de ríos, hoyo en la capa de ozono, desechos peligrosos, calentamiento global. Distintas razones que van desde la movilización y presión social hasta la convicción, pasando por la obligación de cumplir tratados internacionales, han incidido en el impulso a políticas ambientales a nivel nacional, regional y local. Se ha logrado con los regímenes y políticas ambientales inducir algunos cambios positivos, como mayor eficiencia en el uso de recursos y la emisión de desechos, la regeneración de ríos de países desarrollados principalmente, o la reducción en las emisiones de *fluoroclorocarbonos* (FCC). Ambos se enfrentan sin embargo, a diversas limitaciones estructurales que les impiden ser efectivos en la gestión de las referidas dos caras sociales de la moneda del cambio ambiental (apropiación desigual de recursos y ambientes; diferentes impactos sociales de los fenómenos ambientales recursos económicos y poder que los impulsores de los regímenes económicos, quienes por cierto son los ganadores de la relación sociedad naturaleza. México ofrece otro ejemplo del poco poder del sector y de los perdedores en el terreno del cambio ambiental. No sólo porque ni siquiera son compensados los afectados por presas, obras de abastecimiento y otros proyectos de negativas consecuencias ambientales.(12) También porque la secretaría mexicana del ambiente (SEMARNAT) tiene prácticamente nulo poder de incidencia ante decisiones económicas de otras secretarías y de grupos de poder económico, como el de la construcción de infraestructura y la promoción de centros turísticos. La secretaría apenas recibe 1.1% del presupuesto federal para gestionar los más variados asuntos ambientales, desde control de la contaminación industrial hasta gestión de áreas naturales protegidas; desde cambio ambiental global hasta control de la contaminación atmosférica local.

d. Retos a paradigmas positivo normativos convencionales

La reestructuración de la vida social característica del nuevo modelo de organización capitalista contempla al cambio ambiental global como componente que refuerza desigualdades; que bosqueja nuevos mecanismos de dominación, distintos desafíos. El cambio ambiental es tan viejo como el hombre mismo. Pero la humanidad ha generado a partir de la Revolución Industrial una transformación tal de la estructura y funcionamiento del sistema terrestre que lo está conduciendo a una nueva situación, de no retorno. En tal situación se atenta la viabilidad del hombre mismo como especie. La tal situación plantea retos conceptuales y políticos sin precedentes. Necesitamos comprender el alcance de los cambios; reconocer que éstos son inéditos en muchos sentidos, que por ejemplo plantean incertidumbres incluso a los científicos naturales. Requerimos plantearnos el reto de buscar en medio de la incertidumbre, estrategias para cuando menos frenar los cambios.

Es esencial que entendamos a cabalidad que no todos somos igualmente responsables; tampoco sufrimos en igual proporción las consecuencias del cambio ambiental global. Existe una coincidencia entre la histórica y actual inserción desigual de países, regiones y sectores en la economía mundo y la disímil apropiación, transformación y deterioro de recursos naturales y ambientes. Un selecto grupo de países, regiones y sectores que conforma el Norte del planeta, consume directa a indirectamente –vía su huella ecológica– gran parte de los recursos naturales; emite importante proporción de los contaminantes que conducen al planeta a una situación de no retorno.

El norte ese grupo de países (Estados Unidos y Canadá) que se presenta como el modelo a seguir, solo ha logrado desacoplar relativamente producción y consumo de sus consecuencias ambientales. Esto no solo lo ha logrado a través del cambio tecnológico, sino también a través de la localización hacía países y regiones en desarrollo de procesos productivos ambientalmente más intensos, a través de la exterminación de daños ambientales y sociales hacia la periferia y hacia el planeta todo.

CAPITULO II

El Euro Y La Crisis De La Eurozona

Criterios de Convergencia

La única excepción fue Grecia, que incumplía el criterio del déficit y tuvo que esperar a 2001. Reino Unido, Dinamarca y Suecia declinaron entrar a formar parte del euro.

1. POLÍTICA MONETARIA

Con la implantación del euro, la política monetaria dejo de ser una competencia nacional para los países que adoptaron la moneda única. El Tratado estableció la creación de un Banco Central independiente, el Banco Central Europeo (BCE), y de un Sistema Europeo de Bancos Centrales (SEBC), compuesto este último por los gobernadores de los Bancos Centrales Nacionales (BCN) de todos los países de la UE, independientemente de que perteneciesen o no al euro, y por el Gobernador del BCE. En esencia, las funciones del SEBC las lleva a cabo el Eurosistema, institución formada exclusivamente por los Gobernadores de los BCN pertenecientes al euro y por el Gobernador del BCE, ya que el Tratado de Maastricht se redactó previendo que todos los Estados miembros formarían parte del euro.

El Tratado estableció que las principales funciones del BCE y del SEBC para llevar a cabo la política monetaria serían: el diseño y ejecución de la política monetaria de los países que conforman el euro *fijando los tipos de interés*; la realización de *operaciones de cambio de divisas*; *la posesión y gestión las reservas oficiales de* los países de la zona euro; y la promoción del *buen funcionamiento de los sistemas de pago.*

2. POLÍTICA ECONÓMICA Y FISCAL

Tal como lo describe la Comisión Europea, "la Unión Económica y Monetaria (UEM) puede definirse como una fase avanzada de integración económica basada en un mercado único que implica **una estrecha coordinación de las políticas económicas y fiscales** y, en el caso de los países que cumplen ciertas condiciones, una política monetaria única y una moneda única: el euro."

3. EL IMPACTO DE LA CRISIS FINANCIERA Y ECONÓMICA.

En cualquier caso, en los años de bonanza desde la adopción del euro, la UEM benefició a todos los países de la UE. En términos generales fueron años de crecimiento en los que las debilidades de la UEM no supusieron motivo de alarma. La situación cambió estrepitosamente a finales de 2007 con la irrupción de la crisis financiera que desestabilizó el sistema financiero, primero, y hundió la economía real en una fuerte recesión, después. Como consecuencia, las finanzas públicas de varios países de la zona euro se vieron fuertemente deterioradas, poniendo en compromiso la propia estabilidad del euro. Para 2010, ninguno de los países del euro estaba en posición de respetar el PEC

Países como Grecia, Irlanda y Portugal se han visto incapaces de refinanciar sus deudas en los mercados financieros y han tenido que ser rescatados por el resto de socios de la UE. Como contrapartida, estos países han tenido que acometer importantes recortes presupuestarios y reformas estructurales.

4. EL PROBLEMA A DE LOS BANCOS EN IRLANDA

En Islandia a estas fechas se ha tenido que afrontar problemas de deuda de los bancos ya que desde el año 2008 cuando se desató la crisis financiera y económica hubo compromisos de parte del gobierno de dicho país a garantizar toda la deuda, en especial del Banco Anglo Irlandés y otras cinco instituciones.

En estas fechas se tenía el miedo de que el déficit y la crisis bancaria se fueran a propagar (lo cual hasta la fecha 2012) sucedió, lo hemos visto en los problemas de los países de la eurozona, como ha venido sucediendo con Grecia, Irlanda, España, Portugal y hasta Italia (recuérdese la caída de Berlusconi) y así sucesivamente se dieron un sin número de situaciones que tienen a la economía mundial como si estuviera pegada con alfileres, ya que cuando aparentemente se resuelve un caso (el financiamiento hacia Grecia de parte de los Organismos Internacionales), surgieron reclamos, manifestaciones de los ciudadanos griegos y así hasta Enero del 2012, la falta de control presupuestario y del manejo de la deuda y la baja de su PIB, ha provocado las caídas de las bolsas en el mundo, y con ello ha arrastrado las economías, que no se han podido reponer y se puede ver en los porcentajes elevados en el desempleo y de otros problemas más.

5. REFORMAS DE LA UEM.

El Consejo Europeo del 24 y el 25 de Marzo aprobó una serie de reformas enfocadas a 3 objetivos.

a. El **establecimiento de un mecanismo permanente de estabilización financiera para ayudar a los países que atraviesen dificultades financieras**:

El <u>Mecanismo Europeo de Estabilidad Financiera</u> (MEEF), con una capacidad efectiva de préstamos de 500.000 millones de euros. El MEEF sustituirá al Fondo Europeo de Estabilidad Financiera (FEEF) y al <u>Mecanismo Europeo de Estabilidad Financiera</u> (MEEF); <u>mecanismos *ad hoc* puestos en marcha como respuesta a la crisis de deuda griega</u> y que expiran en 2013

b. El **reforzamiento de la disciplina presupuestaria**, a propuesta de Francia y Alemania. Esto supone reformar el principal instrumento de coordinación presupuestaria, el PEC, que habría fracasado a la hora de estabilizar los presupuestos de los países del euro en épocas de crecimiento para afrontar con más garantías las épocas de recesión económica. Entre las principales medidas se encuentran: incrementar las posibilidades de abrir PDEs, tanto en los casos de deuda como de déficit excesivo; un sistema de sanciones más efectivo, pasando de la unanimidad a la mayoría cualificada en el Consejo Europeo; un nuevo instrumento de evaluación de los presupuestos nacionales antes de ser sometidos a votación en los parlamentos nacionales, el "Semestre Europeo".

c. Una **mayor coordinación y supervisión macroeconómica en la zona euro** para contrarrestar los desequilibrios macroeconómicos y las diferencias de competitividad. La crisis de deuda en los países de la periferia de la UE no solo estaría causada por la crisis del euro, sino también por las enormes diferencias en la competitividad entre las economías europeas. El mayor compromiso adquirido hasta la fecha para reducir las diferencias de competitividad en el seno de la UEM y tomar medidas concretas es el "Euro + Pact". Como en el caso del PEC, los objetivos son muy ambiciosos, pero la capacidad de exigir su implementación bastante baja.

Básicamente desde que entró en vigor el Euro, siempre esta moneda se ha visto envuelta en problemas derivados de las distintas mentalidades en primer de las que cada uno de los países que conforman la eurozona, si a eso le agregamos lo que ha estado pasando en los últimos cuatro años en cuestiones de crisis financiera global, la caída constante de la calidad del dólar en los mercados internacionales y la fuerza constante de EU hacia las naciones que han ido creciendo más que dicha nación, siempre el país de América busca la manera de contrarrestar la superioridad del Euro, ya que los intereses de dicha nación se ven afectados en su intercambio comercial y financiero, a más de que ha perdido cada día más presencia en el entorno económico mundial.

De ahí que resulte interesante hacer un análisis más o menos en detalle desde el punto de vista de fuentes bibliográficas, a fin de poder establecer algunos puntos de vista acerca de la lucha Euro vs Dólar.

Cotizaciones del euro frente al dólar, a principios de mes en una casa de cambio en el centro de Varsovia. La moneda nacional polaca, el zloty, se ha revaluado durante la presente crisis financiera**Foto Reuters**

Economistas como Paul Krugman en diversos artículos que publicó en el New York Times, expuso en que la bomba de tiempo que afectaría al Euro se encuentra en España, más que en el resto de los países: como Portugal, Irlanda, Grecia y hasta se pudo considerar a Italia (por eso las siglas PIIGS).

Sin embargo se afirmó que el epicentro de la crisis del Euro se ubicaba en el Banco Santander, banco considerado como propiedad de la familia real británica, el que se encuentra bajo el control del insolvente Royal Bank of Scotland (RBS), el cual se dedicó a la especulación de los bienes raíces.

Al Banco Santander se le ha considerado como el Caballo de Troya, para que paulatinamente vaya penetrando en el medio financiero de Latinoamérica, en particular en Brasil y México, donde ha financiado a los gobiernos a altos intereses, haciendo de dichos préstamos un negocio jugoso, por lo que las economías de dichos países se han visto afectadas.

El banco Santander fue acusado de blanquear dinero derivado de operaciones delictivas asociado con el defraudador Bernie Madoff, quién a su vez se le ligó a este personaje con grupos defraudadores en el mundo financiero global.

A fin de fortalecer al Banco Santander el Banco Central Europeo aportó una buena cantidad de euros a este banco, y se llegó a comprobar que el Banco Central no conocía adecuadamente la situación financiera del Santander, y más aún, porque la Gran Bretaña no adoptó al Euro lo que ha facilitado las operaciones realizadas a través del Banco Santander, lo cual para muchos financieros ha resultado una acertada decisión de parte del gobierno inglés.

Buscando defender al Euro, se establecieron medidas de austeridad, realizando recortes presupuestales, inclusive se afectaron a los fondos de pensiones, despidos laborales, disminuyendo salarios, generando un desempleo desorbitado, llegando en un momento a la suma de 4 millones de personas carentes de empleo. Se le designo a este proceso como un suicidio financiero, lo cual dio inicio al debilitamiento del Euro, frente al dólar.

Altos financieros asociados con la prensa fueron acorralando al Euro, a tal grado que dicha caída repercutió en el grupo PIIGS (Portugal, Irlanda, Italia, Grecia y España).

En esas fechas se fue acrecentando al crisis griega, lo cual se previó que generaría un efecto dominó en la zona del mediterráneo, lo cual hizo que el Euro se viera presionado, lo cual motivó que la primer ministra alemana, Ángela Merkel lanzara anatemas a los especuladores y exigió que se establecieran controles estrictos a los derivados financieros, los cuales eran empleados para lucrar en el entorno económico de Grecia.

La crisis de Grecia ha generado un gran problema, el cual está afectando a la solidez del Euro, y hay quienes dicen, que ello se ha hecho con fin de salvar al dólar y a la libra esterlina, esta última moneda que hasta la fecha no ha sido reemplazada por el Euro, a pesar de que Inglaterra aceptó ser miembro de la Unidad Europea.

Al inicio del mes de Mayo del 2011, los problemas de la zona europea se volvieron a agravar básicamente por razones como: conflictos del Banco Central Europeo con el gobierno de Grecia ya que este país se volvió reticente a seguir el plan de austeridad a que se comprometió en años anteriores a fin de salir avante en la crisis, Grecia sigue deseando reestructura su deuda, pero el BCE le reiteró su postura que ese movimiento no lo deberá hacer.

Sin embargo, el comportamiento de los mercados en estos momentos, según los propios operadores bursátiles estarían de acuerdo en que la deuda de Grecia debe reestructurarse, porque de lo contrario acarrearía incrementos en la inflación y a su vez nuevas alzas en las tasas de interés, lo que volvería a empeorar los problemas griegos y afectaría a los mercados y por tanto, debilitaría el poder del euro.

Moody`s a fin de proteger los intereses del sistema financiero europeo, redujo los ratings de los depósitos y de las deudas de los bancos principales de crédito, el Banco Nacional de Grecia, EFG Eurobank Ergasias y el Banco Comercial de Grecia, así como al municipio de Atenas.

Standard & Poor`s y Fitch, también rebajaron la confianza en la economía griega y se pensó que el gobierno socialista de esa nación no tendría la capacidad para sanear las finanzas públicas y reducir la gravedad de su deuda.

El primer ministro griego Papandreu se comprometió a reducir los gastos en un 10% y anunció una política impositiva más severa, considerando que la economía estaba sumergida pues representa el 30% su PIB, donde se pierden anualmente 20,000 millones de euros por evasión de impuestos.

Igualmente el plan de trabajo del primer ministro ha considerado que a partir del año 2011, la posibilidad de hacer un recorte en funcionarios y reducir la contratación de nuevos, fue lo que causó molestias en la administración y generó situaciones de enojo entre la población.

Grecia tenía al momento del estallamiento de la crisis el mayor déficit fiscal entre los países de la zona euro, con un 12.7% del PIB y un endeudamiento público de 113%, unos 300,000 millones de euros.

Independientemente de la crisis de Grecia y como ésta ha afectado a la eurozona, analizaré varias cuestiones tales como:

En Julio de 2009, se empezó a hablar de los problemas del dólar expresando: a pesar de los esfuerzos y acciones emprendidas por el presidente Barack Obama frente a la crisis económica que se le presentó a EEU, el dólar la moneda oficial de ese país, no ha podido salir adelante, por el contrario su situación fortaleció mas el Euro.

Mauro F. Guillén en la página Wharton.universia.ne, expresó que pese a quién le pese el dólar seguirá siendo la moneda líder, ya que es una moneda que sirve a todos los países (salvo excepciones) como reserva de sus divisas y es como un seguro para los inversionistas, sobre todo en momentos cuando existe demasiada incertidumbre económica.

Los expertos de Goldman Sachs han comentado que el Euro llegará a cambiarse a 1.55 dólares, lo cual mostró en esa fecha al dólar en pleno hundimiento, esto lo expresaron en el mes de octubre del 2009, analistas de la talla de:Thomas Stolper en Londres, Mark Tan en Nueva York y Fiona Lake en Hong Kong y concluyeron diciendo que en esa fecha el dólar esta subvaluado y que en el corto plazo habría de recuperarse.

Para esas mismas fechas, Rafael Pampillón, profesor de Entorno Económico y Análisis de IE Business School dijo: "La causa del descenso del dólar es la duda que existía en esos momentos respecto a que si EU se recuperaría antes que la zona Euro, en donde países como Alemania y Francia estuvieron dando importantes señales de reactivación", explica, al mismo tiempo a las diferencias en los tipos de interés como otro de los motivos de la depreciación del dólar. En aquel momento la Reserva Federal de EU (FED), conservó el precio del dinero en el 0.25%, mientras que el Banco Central Europeo (BCE), situó la tasa de interés en el 1%. En EU, buscando reactivar la economía se decidió conservar las tasas de interés en niveles bajos, pensando en atacar el problema de inflación, no así, el BCE situó la tasa de interés en un2%, y además anunció que estaría dispuesto a subir aún mas sus tasas si hubiera peligros inflacionarios.

En Marzo 2 del 2010 se publicó que si Grecia había sido la que desató la crisis de la zona euro, España era en ese momento, el país que pudo haber determinado la supervivencia del Euro.

En esa fecha España tenía una tasa de desempleo del 19%, una deuda alta y un déficit fiscal muy alto. El producto interno bruto (PIB) se había contrahecho en un 3.6% en el 2009, y se previó que pudiera seguir cayendo en el año 2010, lo cual metería a ese país en una recesión prolongada.

El problema es que por estar en una zona común España se vio impedida a llevar a cabo una devaluación, porque imaginemos lo que pudo haber sucedido si se hubiera llevado tal acción. Igualmente al tener al euro como su unidad monetaria, sus exportaciones se ven afectadas, su movimiento turístico se verá igualmente afectado y no tendrá más que una sola salida, el llevar a cabo programas de austeridad y soportar en su momento movimientos sociales y protestas de la ciudadanía.

La siguiente gráfica puede ejemplarizar la situación que en aquel momento se vivía en España, reflejo de su problemática económica.

En aquellas fechas el gobierno español se negaba a hablar de una crisis, de acuerdo a lo expresado por Elena Salgado, vicepresidenta económica: "Los fundamentos de nuestra economía son sólidos", lo cual lo sustentaba diciendo: los grandes bancos gozan de buena salud, las estadísticas que presentó dijo, son creíbles y las empresas tienen toda una actividad dinámica como para seguir sosteniendo buenas exportaciones.

Varios economistas contemplaron tres opciones para España, lo cual le ayudaría a resolver en corto plazo su problemática económica; siendo éstas:

La primera es que el gobierno se quede de brazos cruzados y deje que la economía siga por años con alto desempleo y cesación de pagos.

La segunda es que adopte un rol más activo, recorte gasto y emprenda medidas impopulares como una reforma de rígido mercado laboral.

La tercera sería el contemplar la posibilidad de retirarse de la zona euro, lo cual de entrada le permitiría devaluar y de este modo aumentar su competitividad y reanudar la expansión económica. Esto último hay quién aseguró que ni en intensión debiera ser considerada dicha medida, porque lo primero que pasaría sería generar una corrida bancaria y los contratos firmados en euros entraría en mora.

Las medidas anunciadas por el gobierno español en ningún momento resultaron del agrado de los organismos financieros internacionales, tanto el FMI, como el BCE y la misma comunidad europea se mostraron contrarios a dichas medidas (como sería el no tocar el gasto social), ya que la situación económica totalmente debilitada, no requiere de gastar, sino por el contrario necesita austeridad, incremento de impuestos y bajar el déficit fiscal.

Nouriel Roubini agregó: España puede ser una mayor amenaza para la eurozona porque es la cuarta mayor economía, tiene un alto desempleo y mayor precariedad bancaria. Eso puede desatar un conflicto económico entre los países que están alrededor de este país, sobre todo en aquellos que sus economías son más débiles.

La eurozona donde tienen más presencia Alemania y Francia (según lo expuesto por Alfredo Jalifee Rahme, en su columna Bajo la Lupa, publicada en la Jornada 09-02-2010) ya que representan al corazón demográfico, económico y financiero de toda Europa, por lo que una mala decisión para defender el euro de los embates de la especulación a través CDS (credit default swaps) instrumentos financieros que apuestan a la quiebra de los países soberanos, resulta susceptible para provocar una implosión de la misma UE.

El euro representa la segunda divisa más importante mundialmente hablando (25%), desde luego detrás del dólar (62%). El euro fue adoptado por la Unión Europea como su divisa y por consiguiente es la unidad representativa para los países integrantes de esta zona. Sin embargo hay naciones como Inglaterra (que sigue conservando la libra esterlina como unidad monetaria) no está muy dispuesta a hacer el fortalecimiento del euro, puesto que se sienten amenazados y harán hasta lo imposible, a fin de evitar aún más el fortalecimiento del euro.

El euro la moneda comunitaria se ha visto desfavorecida por la difícil situación por la que atraviesan las economías de Grecia, España y Portugal.

Para Paul Krugman, la arrogancia de la Unión Europea se debe al querer funcionar con una sola divisa, lo cual indica que el problema de fondo en dicha zona no es el déficit en dichas naciones (o tal vez en otras más), sino lo es el euro.

El problema del euro, es la falta de flexibilidad que dicha moneda posee, porque según este economista (Krugman), Europa no estuvo realmente preparada para hacer el cambio de varios tipos de monedas, por el de una sola.

El mencionado economista comentó que si España, Grecia, Portugal, Irlanda conservaran sus monedas, les facilitaría el solucionar sus problemas económicos, de que manera, llevando a cabo una devaluación, lo cual los haría más competitivos, sus productos llegarían con mayor aceptación al extranjero, lo cual ayudaría al ingreso de divisas, con lo cual se podrían sanar las cuentas públicas.

Miguel Angel Boggiano se hizo esta pregunta: ¿Cuál es la principal amenaza del euro? Es una moneda común a muchos países los cuales tienen pocas cosas en común, y, que en los últimos años han tomado caminos diferentes. Por ejemplo: a Alemania le va mucho mejor que a Italia o que a España. Y en momentos normales que a uno le vaya un poco mejor que al resto, mientras a todos les vaya bien, no es el gran problema. Pero cuando a Alemania simplemente se está financiando, y por su parte a Italia, Austria, España, se les detecta que tienen el agua hasta el cuello, la situación es diferente. Lo anterior es una presión para el euro. ¿Presión por qué? Porque con dicha presión se está buscando el debilitamiento hacia otras monedas, lo cual representa todo un riesgo.

George Soros hombre inversionista, filántropo y gran especulador, se hizo famoso por su ataque a la Libra Inglesa en 1992, afirmó que el euro tendrá que pasar pruebas más duras que el mencionado de Grecia; comenta que la moneda única europea está basada en una unión monetaria, pero no en una unión política, por lo que cada gobierno establece una política fiscal totalmente independiente. No hay que olvidar que la construcción del Euro fue única e inusual y sus resultados tenidos a la fecha no han sido totalmente exitosos, por las economías desarrolladas en cada uno de los países integrantes de la Unión Europea.

Soros afirmó que el hecho de haber aprobado al euro como moneda única, ha tenido sus defectos, que aunque existe el Banco Central Europeo, sus normas no siempre son seguidas por los integrantes de la comunidad, no existe un Departamento del Tesoro Único que regule la política impositiva, lo cual le daría una capacidad de actuación en tiempos de crisis, por lo que sugiere hacer cambios regulatorios, que lleven a dicha comunidad a obtener mejores resultados en cuanto al control de los déficits fiscales y superar las crisis financieras vistas en los dos últimos años, como las que a la fecha siguen padeciendo, Grecia, España, Portugal e Irlanda.

La crisis griega terminó de detonar un debate interno en la UE, y en los últimos días cobró forma la idea (impulsada por Francia y Alemania) de crear un fondo monetario europeo (esto ya lo había comentado George Soros, como un medio de establecer controles en los manejos de las políticas fiscales de los miembros de la comunidad) como una barrera de contención frente al avance del dólar y su impacto negativo en la eurozona.

Según The Financial Times un FMI europeo sería el primer paso para coordinar mejor las políticas fiscales, y cerraría la puerta a los fondos especuladores estadounidenses cuyas operaciones están desequilibrando las las economías en crisis, principalmente de Grecia y España.

Para el mencionado diario, la creación de un Fondo Monetario Europeo (FME) sería una "solución para próxima crisis de deuda de la eurozona", pero no a los actuales problemas de Grecia.

El Centro de Estudios de Política Europea propone un FME tomando como modelo al Fondo Monetario Internacional, que inicialmente obtendría financiamiento de los mercados financieros.

Alemania considerada como la primera economía regional, está dispuesta a imponer su rigor económico a sus socios de la Eurozona, lo anterior lo desea hacer a fin de devolver la credibilidad del euro, la cual ha sido dañada por la crisis financiera y los problemas que sufren varios miembros, entre otros, Grecia.

CAPITULO III

La Crisis Petrolera

1. EL PETRÓLEO UN COMBUSTIBLE INDISPENSABLE.

Al hablar del petróleo, no podemos hacerlo sin relacionarlo con el gas y con las energías renovables, las cuales en los últimos años han sido objeto de estudio e investigación a fin de que a través de éstas, se pueda ir sustituyendo el uso de energías no renovables, las que debido al uso diario de las mismas, día que pasa, se hace más complejo la exploración y la extracción de yacimientos de petróleo, debido al agotamiento de las reservas petroleras.

Si a eso se le agrega los diferentes conflictos entre los países desarrollados, los países carentes de petróleo, los países productores, muchos de los cuales a últimas fechas han entrado en conflictos sociales, políticos (han caído algunos líderes, a otros los han eliminado), y precisamente ese tipo de problemas es lo que ha generado que el precio de los combustibles se hayan ido a la alza, con lo que los factores económicos como la inflación, se salga de controles, lo que con lleva muchos países se vean limitados en sus crecimientos.

A propósito de energías renovables, el economista jefe de la Agencia Internacional de Energía, Fatih Birol, quien subrayó que en el año 2035 dicho tipo de energías podrán alcanzar el 32% de la energía generada en el mundo.

Otro problema es el gas natural, combustible que en muchos países lo tienen en abundancia, (como lo son Afganistán, Rusia, Bolivia, entre otros), se está volviendo un grave problema, como se ha podido ver en la disputa entre países exportadores e importadores, sobre todo por la discrepancia en los precios; aquí también el Sr. Birol hizo alusión al enfrentamiento reciente entre la empresa española de gas natural y su par estatal argelina Sonatrach, debido a los contratos firmados para aprovisionamiento que se darían de 2007 al 2010. En este período los precios del gas se fueron a la baja, lo cual hizo en su momento que los compradores también negociaran una baja en el precio de dicho combustible, lo cual en su momento dicha rebaja lo lograron países como Italia, Alemania y Turquía.

Por lo que respecta a las mismas energías renovables, en España, país donde existe una empresa bastante fuerte en material de importación, control y distribución de gas natural, se generó la inquietud de tener una legislación la que se suponía aportara seguridad jurídica al sector, esto lo aseguró en su momento el director general de energía española, Antonio Hernández, donde reiteró que dicha norma, afectaría las nuevas instalaciones hasta el año 2013.

2. LAS RESERVAS.

Al hablar de reservas petroleras no podemos soslayar el lugar donde más existencias hay de este combustible, en la zona ubicada entre el Mar Rojo y el Golfo Pérsico, ligados a los estrechos de Ormuz y el Bab El Mandab, región por donde atraviesa la mayoría del oro negro en el mundo y ligados a países como: Yemen, Jordania, Irak, Kuwait y Omán (de ahí las guerras desatadas contra Irak, la invasión de Husein a Kuwait, intereses monetarios derivados de la explotación petrolera en esta zona.

Siendo México un país productor de petróleo (aún cuando no ha formado parte de la OPEP), dentro del mundo de la exportación de este combustible, juega un papel de suma importancia, de ahí que es importante saber lo relativo a las reservas petroleras, las cuales según el Director de Operaciones de Pemex, Carlos Murrieta Cummings, tanto el monto de las reservas, como la producción de petróleo se han estabilizado.

En un encuentro tenido por este funcionario en el Seminario "México Today" en la universidad inglesa de The London School of Economics, dicho señor Murrieta afirmó que en Cantarell (que en México es el yacimiento más importante), a últimas fechas se ha tenido una producción estable y afirmó también, que desde 1979, en dicho yacimiento no se tuviera una tasa de restitución como la que se ha estado alcanzando en fechas recientes.

Se afirmó por igual, que las perspectivas futuras son optimistas, ya que las reservas del hidrocarburo se encuentran probadas para los próximos 10 años. Eso hizo sentir una seguridad en cuanto a la garantía de exploración y explotación estén garantizadas para los próximos 30 años, mas sin embargo, dado la forma de cómo se suele manejar la información en la para estatal, no deja de generar dudas en cuanto a esa seguridad de producción para esa fecha.

Por tanto, el gobierno mexicano, también inició proyectos encaminados al desarrollo de fuentes de energía alterna, considerando que en este país, hay distintos lugares localizados donde se podrán llevar a cabo los mencionados proyectos.

En el gobierno actual de México, se han asignados diversos proyectos de exploración y explotación en materia de petróleo al sector privado (con lo que muchos grupos del ala izquierda no están de acuerdo, tomando en cuenta lo que está regulado en la constitución mexicana), pero aún con ello, se han hecho inversiones de parte de empresas tanto nacionales como extranjeras, puesto que se ha buscado incrementar la producción y extracción de crudo, que desgraciadamente por cuestiones políticas y la falta de una legislación fiscal que libere a la empresa paraestatal de la entrega de recursos financieros al estado, ésta seguirá estando limitada de recursos destinados al crecimiento de la industria petrolera en México.

3. LOS PRECIOS DEL PETRÓLEO.

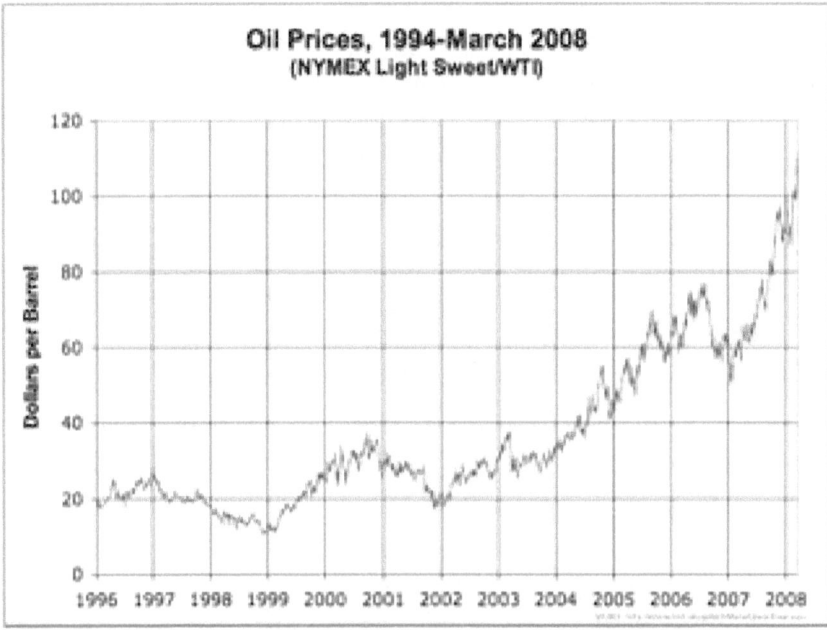

En México desde hace mas de dos años, hemos sufriendo las alzas constantes en el precio de los combustibles, tanto en la gasolina, como el diesel y el gas para uso doméstico. La idea del gobierno es igual los precios a los precios internacionales, todo derivado de la incapacidad que tiene la empresa paraestatal el refinar petróleo y en consecuencia las gasolinas tienen que ser importados, y es el pueblo el que ha tenido que aguantar las decisiones de las autoridades gubernamentales.

Pero de acuerdo a las investigaciones realizadas en materia de los costos del barril de petróleo a nivel internacional, son muchos países los que también ha tenido que afrontar el alza constante en los combustibles, tanto en los países desarrollados como en los países emergentes y otros carentes de un buen desarrollo económico.

Desde mediados del año 2007, el mundo en lo general ha sufrido de una crisis financiera y económica derivada de problemas tales como: la crisis de las hipotecas sub-primes, las fuertes demandas de bienes y servicios de parte de los países emergentes, el cambio de administración en los EEUU y sumado a eso, nos encontramos con la crisis internacional del petróleo.

El alza en los precios a nivel internacional lo notan los ciudadanos en los distintos países cuando se llega a las gasolineras a cargar el tanque de su coche, pero además dichas alzas también se ven repercutidas en forma indirecta en los precios de diversos servicios (viajes en avión, transporte de mercancías, alimentos), que de una manera u otra requieren del aporte de los combustibles para el funcionamiento de la maquinaria de las fábricas y seguir operando la planta productiva.

Los motivos que se han señalado para que se sufra la escalada en los precios, se comentan algunas razones para justificar dichas alzas.

a. La inelasticidad de la demanda, lo cual quiere decir que mientras no se tenga otra alternativa viable y sostenible al petróleo (como serían las energías renovables, los biocombustibles, energía nuclear, =aunque esta última, dados los acontecimientos habidos en Japón se pensará si seguir en este campo o mejorar las condiciones de regulación en este tipo de energía=) se seguirá demandando el uso del petróleo en todas partes y en consecuencia se seguirá pagando al precio fijado en función a: a la oferta y demanda, a las decisiones de los gobiernos o de acuerdo a la necesidad a satisfacer con esta energía.

b. El incremento de la demanda de los países emergentes. La constante demanda de coches, debido a las facilidades que en los últimos años se ha dado para que los ciudadanos adquieran su coche propio (ponemos de ejemplo a China, India, países en Latinoamérica, =en México los parques vehiculares de las ciudades mas importantes se han incrementado=), por lo que la demanda de petróleo es mas alta y los precios se estarán moviendo constantemente.

c. La intervención de los especuladores en los mercados. En el mundo entero oímos constantemente sobre ellos, pero pocas veces se les identifica realmente si están o no están, pero su actuación poco moral, hacen de los precios del petróleo un modus operandi y generan su encarecimiento.

Considerando lo expuesto en el párrafo anterior, y confirmando lo relativo a la influencia que ejercen los especuladores, la Agencia Internacional de la Energía, anunció la caída entre 500,000 y 750, 000 barriles de petróleo en la producción diaria mundial, lo que supone una caída de un 1% del consumo total.

Dicha aclaración la hizo la agencia en su reunión trimestral, señalando que dicha caída por el momento no se debía a la crisis que ha estado viviendo Libia.

La agencia ha estado siempre en constancia comunicación con la OPEP (Organización de países productores de petróleo), haciendo hincapié que los países pertenece a esta organización, están dispuestos a a aumentar la producción para garantizar el suministro. La OPEP y los consumidores comentan que tienen mecanismos adecuados para garantizar el suministro, lo cual facilitaría en su momento el desbloqueo de las reservas de 1,600 millones de barriles de emergencia, lo cual garantizaría por lo menos 145 días de consumo.

El 28 de Febrero de 2011, se publica que los precios del barril de petróleo treparon z 120 dólares por barril, lo cual no había sucedido desde el año del 2008; lo anterior se atribuye a los conflictos desatados en Libia;

mas sin embargo, debido al ofrecimiento hecho por Arabia Saudi, país considerado como el que realiza mayores exportaciones de este producto, esto de inmediato repercutió en el precio del barril, bajando hasta los 112 dólares. Desde luego para muchos de los abastecedores del mercado no es una buena notica, pero si resulta reconfortante para los países consumidores.

Aun considerando que Arabia Saudi se comprometa en realidad a surtir las carencias de crudo, existe un grave problema derivado de la crisis y que es la recuperación económica global se descarrile más, en base a los altibajos en los precios del barril de petróleo.

Con motivo del problema de Libia, hay quienes llegaron a considerar que el levantamiento popular, el gobierno de Libia pudiera alcanzar una situación en que el petróleo se le maneje como arma política.

A ese respecto Shokri Ghanem, presidente de la Corporación Nacional del Petróleo de Libia, expresó que los problemas en ese país habían creado una gran crisis energética y que el recorte de los suministros a los mercados mundiales encarecería dicho energético, vislumbrando un precio que pudiera llegar a los 130 dólares por barril.

Libia ha sido considerado el país clave en la proveeduría de Europa. Según Daniel Pingarrón, un estratega de mercados de IG Market Libia es un país que resulta estratégico para muchas economías europeas por sus exportaciones de crudo, han sido tan importantes que han llegado a representar el 50% de las importaciones de crudo de Italia, Francia y Alemania y desde luego también España.

El Presidente del Fondo Monetario Internacional (FMI), declaró "Que los altos precios del crudo podrían dañar el crecimiento de la economía" Ya que lo anterior puede tener un efecto contrario al crecimiento de la economía, pero para fortuna de los mercados, los precios se han vuelto a suavizarse, debido al ofrecimiento de Arabia Saudi, de incrementar la producción y evitar la especulación.

Siendo los mercados financieros el reflejo de los movimientos en las economías de los países desarrollados, mostraron preocupación por la tensión que se ha estado viviendo en el norte de África y Oriente Próximo, lo cual derivaría en alzas en los precios del crudo. Por ejemplo el Brent subía por encima de los 115 dólares por barril, dichas subidas en los precios repercutieron en los precios de autos y en las líneas áreas; en este sentido se escuchó en fechas recientes que lamentarían que la demanda de boletos de avión llegaran verse disminuida la demanda de los mismos.

Los precios del barril de petróleo en las semanas finales de Marzo y Abril de 2011 e inicio del mes de Mayo, se pudieron detectar precios tales como: El Brent tocó los 115.10 dólares por barril y el WTI se fue hasta 103.49 dólares, precios que no se habían visto desde el año 2008.

4. EL PROBLEMA GEOPOLÍTICO.

Al hablar de problemas geopolíticos, no podemos soslayar algunas de situaciones derivadas no solo de la baja en reservas de petróleo o de la producción de crudo y gas, sino que es importante hablar de la inestabilidad social dentro y fuera de diversos países. Problemas como inmigración hacia los países desarrollados, especialmente en la zona europea. El riesgo potencial que se presenta como consecuencia de la influencia de los regímenes radicales islamistas. El factor geopolítico, que en ocasiones fue considerado como una cosa mas o menos aceptada, en estas fechas han pasado a primer término. (1).José Luis Martínes Campuzano de la Citi en España.

Las distintas nacionales entre desarrolladas y no, ya han comenzado a preocuparse de las diversas consecuencias que tendrán que afrontar con motivo de las alzas en los precios del crudo, además que tendrán que seguir luchando con los efectos derivados de la crisis financiera, que pareciera que en estas fechas también se pudiera pensar que llegaron para quedar, porque muy a pesar de los esfuerzos de los Organismos Internacionales, (tanto de norteamérica, como en la Unión Europea, y en el medio oriente), así como de los cambios fiscales realizados en naciones como: España, Grecia, Irlanda y en estas últimas semanas en Portugal, medidas que por consecuencia han generado problemas como desempleo, limitaciones en la prestación de servicios de salud, entre otros.

Al hablar de problemas geopolíticos, se tiene que relacionarlos con el precio del petróleo, y la Agencia Internacional de Energía, según su director ejecutivo Nobuo Tanaka, expresó en su momento que si el precio de este energético se cotizara por encima de 100 dólares, se pudieran presentar problemas como los que se tuvieron que afrontar durante el período de la crisis financiera.

Es que en lapso de tres meses, países productores de petróleo se han visto involucrados en problemas sociales, tales como: derrocamiento de gobiernos, guerras internas (como el caso de Libia, Yemen), los casos de problemas de comercialización de gas hacia Europa, la inestabilidad política en Afganistán, Paquistán, Irán, Irak, donde los intereses financieros y de tener acceso y dominio a los territorios de producción de petróleo, han venido haciendo mas caótica la situación estable de varias regiones en el medio oriente y el África.

CAPITULO IV

El Bric. Representatividad De Los Mercados Emergentes

1. ANTECEDENTES

Este grupo integrado por los países Brasil, Rusia, India y China, (BRIC) fue creado por Jim O'Neill el máximo responsable de la supervisión de toda investigación económica de Godman Sachs, quien afirmó en su momento que dicho grupo se ha convertido en un sinónimo de oportunidades de crecimiento. Se tiene previsto un crecimiento mundial promedio del 2%; pero es importante saber que aunque las economías integrantes de este grupo experimentarán crecimientos dispersos, la realidad es que para el año 2050, habrán desplazado al mismo EEUU.

En este mundo actual y como consecuencia de la Crisis Financiera Mundial, al entrevistar a Jim O'Neill, expresó que mucha de la solución de dicha crisis, se contempla en las economías emergentes de los países integrantes del BRIC. Quienes mas soportarán los estragos de la crisis van a ser: por un lado China, nación que en los últimos 10 años ha mostrado un crecimiento promedio entre el 9% y el 10%; Brasil es otro país que en los ocho años de la Presidencia de Luis Ignacio Lula Da Silva, ha hecho cosas sumamente importantes, a tal grado que de los países de Sudamérica, fue el menos golpeado por la crisis mundial y es quién ha recibido mayor inversión directa, lo cual lo coloca como un ejemplo a seguir en materia de desarrollo económico, financiero y tecnológico.

La crisis financiera mundial ha permitido y generado un reacomodo de los grandes grupos de países, vemos como el G-7 y el G-8 tendrán la necesidad de buscar mejores soluciones a sus problemas, ya que la presión de los países integrantes del BRIC van a tener una posición central en el manejo de las inversiones y del valor de las monedas en el mundo.

Para que nos demos cuenta de que tamaño será la participación del BRIC en el mercado bursátil global que si actualmente es de un 31% pasará a un 55% en un lapso corto.

Para concretar se expresa que el BRIC participaría con un 41%, lo que hará que tenga dicho grupo un papel dominante en la economía global.

2. PARTICIPACIÓN DE LOS PAÍSES INTEGRANTES DEL BRIC EN EL DESARROLLO DEL GRUPO.

China sola está situada como la nación que participaría con un 28%, cuando si miramos unos diez años atrás, su participación solo era de un 1% y en los próximos años la participación en el mercado bursátil global pasará a casi un treinta por ciento, lo cual constituiría toda una hazaña milenaria.

En los últimos tres meses Jorge Lanata ha descrito todo lo concerniente a la teoría creada por el economista Jim O'Neill, quién desde su investigación económica realizada ha postulado que Brasil, Rusia, India y China, serán como las súper potencias para el 2050.

De acuerdo a ese escenario planteado por O'Neill, China e India se convertirán en los proveedores mundiales mas grandes de bienes y servicios manufacturados, mientras que Brasil y Rusia tendrán el rol de los grandes distribuidores de materias primas.

Ha resultado de mucho interés el visualizar la investigación periodística llevada a cabo por Jorge Lanata, de tal manera que no ha escatimado esfuerzos de hacer un recorrido por cada uno de los países integrantes del BRIC, a fin de dar a conocer lo sobresaliente en el crecimiento y desarrollo de sus economías, lo cual nos ofrece en dicho programa televisivo el cómo y porque, a dichos países les ha permitido crecer y desarrollarse de tal manera, que como lo expreso en líneas arriba, dicho grupo es considerado ya, como los que dominarán el mundo financiero, económico y mejor desarrollado para el año 2050.

El experimentado periodista Lanata no solo platicó con periodistas del Finacial Times y del Times, sino que hizo entrevistas a estudiantes originarios de Brasil, Rusia, India y China, que realizan estudios de especialidades en materia de desarrollo y economía, a quiénes les preguntó sobre lo que ellos pensaban respecto a que sus países estuvieran también colocados en la esfera mundial y con horizontes futuros de grandes alcances, a lo que ellos contestaron que precisamente por eso, sus gobiernos han decidido apoyar la educación y la investigación, puesto que ambas áreas serán fundamentales para seguir sosteniendo ese camino, que los ha llevado al lugar que ahora ocupan.

Igualmente este periodista hace un estudio comparativo de los crecimientos urbanos, grandes ciudades con granes edificios de departamentos y oficinas, frente a las grandes carencias que en muchos de los barrios paupérrimos se siguen presentando, más sin embargo, hemos podido conocer debido a sus conclusiones de la investigación, como Brasil por ejemplo, en los ocho años de Lula, salieron de la pobreza 23 millones, los cuales ingresaron a la clase media que se ha colocado en los desarrollos industriales y tecnológicos, lo mismo ha pasado con el establecimiento de un gran consorcio de investigación tecnológica en la India, donde a través de los videos se captan la ciudad de la tecnología, donde laboran casi 2.5 millones de indios.

Realmente referirnos al BRIC, es como hacer un espacio en la vida diaria, donde constantemente se habla de problemas de crisis financiera, de devaluaciones y conflictos laborales derivados del desempleo, y constatamos que esos países lo han podido hacer, porque otros no pueden (o no se deciden hacerlo), y en consecuencia, todo está en la voluntad humana y la apuesta política.

La importancia de pertenecer a un grupo como lo es el BRIC, ha hecho que la India se convierta en una nación cada vez más seductora, independientemente de su seducción ya ganada desde el punto de vista legendario en cuanto a su cultura, su religiosidad, su literatura y todo lo que esta nación encierra en atractivos para quienes desean encontrar la tranquilidad espiritual y admirar de cerca su atrayente despegue tecnológico.

Ha sido tal la relevancia de la India, que el presidente Barack Obama, que a finales de noviembre del 2010 realizó durante cuatro días un viaje de gestión, habiéndose hecho acompañar de 3 mil personas, comitiva que tuvo que ser traslada en 40 aviones; comitiva que estuvo integrada por: empresarios y periodistas, habiéndose gastado un total de 200 millones de dólares. Llama la atención que estando EEUU sufriendo una crisis originada y sufrida en los años 2007-2009, se haya decidido hacer una erogación de esa naturaleza, pero el océano Índico según decisión del presidente Obama, bien vale la pena, lo cual a corto plazo le podrá abrir mercados en esa zona en pleno crecimiento.

Igualmente y atraídos por los encantos de la India, en el mes de Diciembre el presidente galo Nicholas Zarkozy, acompañado por su esposa, hizo una visita durante cuatro días, lo que aprovechó para platicar con las autoridades de esa nación y hacerles ofrecimientos relativos a que haría la propuesta para que este país pudiera ser miembro del Consejo de Seguridad de las Organización de las Naciones Unidas (ONU), que conjuntamente con Brasil, Alemania, Japón, África y el Mundo Árabe; sin embargo, no deja de ser una buena intención en dicho ofrecimiento de parte del presidente galo, porque el peso que tienen en dicho Consejo, EEUU y Gran Bretaña, estará por verse si será o no aceptada en el mencionado consejo.

Desde luego no se iban a quedar al margen de hacer una visita a la India de parte del primer hombre de China, Wen Jiabao, quién también se hizo acompañar de 300 empresarios, tratando de disolver discrepancias entre esta nación y la India y construir una confianza que los lleve a consolidar actividades en el campo de la tecnología (no olvidemos que la India, se ha convertido en todo un boom en innovación tecnológica y generación de ingenieros materia de exportación), lo cual les llevará a tener una gran libertad de actuación en esa zona, con lo que se piensa que estaríamos viendo la formación de un triángulo de intereses integrado por: India, China y Estados Unidos, buscando consolidar un control comercial, financiero y tecnológico, a mas de todo lo que esté relacionado con los intereses del petróleo, el gas y el desarrollo de energías renovables.

Como se puede observar, el BRIC (del cual forman parte India y China) cada día se consolida mas y a estas fechas ya se empiezan agregar otras naciones, puesto que se piensa que dicho grupo para el 2030, será uno de los que ocupen lugares primarios en el terreno de la economía y el mundo financiero, todo derivado del crecimiento económico que han venido teniendo tanto China (PIB 9% promedio en los últimos 5 años; India al 8% anual), pero es importante resaltar que los EEUU, debido a sus problemas derivados de la crisis financiera y económica sufrida, no acaba de salir de ese gran problema, por el contrario ha tenido que enfrentar a un alto porcentaje de desempleo, la economía que no crecerá en este año 2011 mas allá de un 3%, lo cual de una manera u otra, pone a esta nación en desventaja frente a la India, China (quién también ya desbancó a Japón del 2°. Lugar mundial industrial), de ahí que como explico en líneas arriba, los países miran hacia el Océano Índico, la puerta hacia el Asia Media y la salida más corta para llegar a Japón, las Coreas, Malasia, Singapur y países aledaños en franco crecimiento económico.

En un comunicado emitido por el Banco Mundial, de fecha 11 de mayo del 2011, expresó: Para el 2025, las seis principales economías emergentes (Brasil, China, India, Indonesia, Corea del Sur y Rusia) representarán más de la mitad del crecimiento mundial total, y es probable que el sistema monetario internacional ya no esté dominado por una sola moneda. A medida que se desplace el poder económico, estas economías exitosas contribuirán a impulsar el crecimiento en los países de ingreso bajo mediante transacciones comerciales y financieras transfronterizas.

El informe, titulado Global Development Horizonz 2011-Multipolarity. The New Global Economy (Horizontes del desarrollo mundial 2011-multipolaridad: La nueva economía mundial), se prevé que, como grupo, las economías emergentes crecerán en promedio un 4.7% anual entre 2011 y 2025. En tanto, las economías avanzadas crecerán, según los pronósticos, un 2.3% en el mismo período, aunque no perderán importancia en la escena internacional, puesto que la zona del euro, Japón, el Reino Unido y Estados Unidos seguirán desempeñando un papel central como impulsores del crecimiento mundial.

El rápido surgimiento de las economías emergentes ha provocado un cambio por el cual ahora los centros de crecimiento económico están distribuidos entre las economías desarrolladas y las economías en desarrollo. Se está en un mundo verdaderamente multipolar, así lo expreso Justin Yifu Lin, primer economista y primer vicepresidente, Economía del Desarrollo, del Banco Mundial. Las empresas multinacionales de los mercados emergentes se están transformando en una fuerza que reconfigura la industria mundial, con una rápida expansión de las inversiones sur-sur y de los flujos de inversión extranjera directa (IED). Las instituciones financieras internacionales deben adaptarse con rapidez para no quedar rezagadas.

En el mencionado informe, el Banco Mundial sigue señalando que los desafíos que representará una economía mundial multipolar para los países en desarrollo durante los próximos 20 años. El informe fue el resultado de investigación que aunque se realizó sobre bases empíricas, les permitió identificar a los países de rápido crecimiento los cuales cuentan con un sólido capital humano e innovación tecnológica y que a su vez movilizan la actividad económica en otros países. Esto se verá a través de la generación de crecimiento mediante operaciones financieras, las migraciones y el comercio transfronterizo, que inducirán la transferencia de tecnología e incrementarán la demanda de exportaciones.

Igualmente en el mencionado informe, se pone de relieve la diversidad de los posibles polos de crecimiento de las economías emergentes; algunos de ellos se han apoyado fuertemente en las exportaciones, como son los casos de China y Corea del Sur, mientras otros otorgan mayor peso al consumo interno, como son los casos de Brasil y México. Esto último derivado del crecimiento de una clase media y las transiciones demográficas que se observan en varias principales de las economías del este asiático, lo cual seguirá generando un consumo cada día mayor, lo cual podrá generar un crecimiento sostenido en el entorno mundial.

3.   LA IMPORTANCIA DEL BRIC EN LA ACTUALIDAD.

Al igual como he comentado en varias ocasiones desde el inicio de este capítulo, el grupo de inversión Goldman Sachs sigue argumentado que los países que integran al BRIC (Brasil, Rusia, India y China) son los países con alto potencial económico ya que prevé que en el año 2050 van a ser las economías dominantes; pues se estima que dichos países tienen más del 40% de la población mundial y un PIB del 20%, es por esto que podrán ser las entidades más grandes en la escala global.

El BRIC es una alianza global informal que cada día sigue tomando más fuerza en el ámbito económico mundial, ya que son economías altamente crecientes, se afirma que la crisis financiera que muchos de los países desarrollados, como los EEUU y muchos de los integrantes de la Comunidad Europea, a éstos no les afectó en demasía, ya que se les considera economías que se recuperan rápidamente ante estas dificultades económicas. Según los resultados analizados en la última reunión de los BRICs, se discutieron propuestas para ser presentadas al FMI, tales como temas de financiamiento, entre otros.

Estos países se han caracterizado por algo en común: la inequidad en la distribución entre sus habitantes, pero plantean que seguramente estas diferencias entre sus clases, se irán terminando gracias al alto crecimiento que han mostrado en estos últimos años.

Aun cuando algunos analistas expresan que en años venideros superaran la economía mundial, será difícil que lleguen a superar la fuerte economía de los EEUU, ya que ésta es un monstro, es súper fuerte, y ha mostrado durante la crisis financiera y económica vivida, una recuperación, que aunque no como se esperaba, si ha sido asombrosa.

A pesar del uso del Bric para referirse conjuntamente a esos cuatro países, cada uno en lo particular ha ido consiguiendo su emergencia económica por diferentes motivos. A parte, de compartir un territorio extenso, una gran cantidad de población con necesidades de consumo creciente y un rápido desarrollo económico, se trata de 4 mercados muy diferentes.

Lograr el éxito en estos mercados pasa por comprender a sus consumidores y las fuerzas culturales y psicosociales que influyen en su comportamiento. Por ello, TNS ha publicado un informe en el que se analizan a fondo los factores que conforman estas fuerzas con el objetivo de ayudar a tu organización a triunfar en los mercados BRIC.

4. ESCENARIO DE INFLUENZA ECONÓMICA DEL BRIC.

En una reunión llevada a cabo en la ciudad de Sanya, China, provincia de Hainan, este país fue el anfitrión de la reunión de los BRIC, reunión en la que se incorporó Sudáfrica (y ahora se denomina al grupo BRICS), donde dieron un salto cualitativo para conformar, en un tiempo corto, un polo de poder que no solo será económico sino también político, donde dichos países asumieron mayores responsabilidades a fin de afrontar con más confianza responsabilidades en el nuevo orden mundial.

Como ya lo he anotado, el BRIC actualmente representa el 40% de la población mundial, el 25% de la extensión territorial, el 25% del PIB y el 12% del comercio internacional. China país integrante de este grupo, cada día despunta más en el entorno del desarrollo económico mundial, por tanto a estas fechas ya se le considera como la segunda potencia económica mundial. Al incorporarse Sudáfrica, el grupo se va a expandir cada día más y más, lo cual habrá de permitirles a cada uno de dichos países integrantes del grupo, a mantener su nivel de crecimiento hasta ahora tenido, y esto les permite situarse en el tablero mundial como piezas claves, que con sus crecimientos competirán con las potencias mundiales (con EEUU, UE, Japón) y, debido a ello, irán penetrando paulatinamente en los consumidores de dichas naciones, y, a su vez, podrán disponer de los recursos que dichas naciones generan, con lo cual sostendrán con más fuerza el crecimiento, del que he venido comentando.

NI hablar de la presencia del BRIC en América Latina, en Centro América, pues las tradicionales relaciones que los países integrantes de estas zonas tuvieron hasta la segunda guerra mundial, paulatinamente se ha ido cambiando, por los intercambios con los países integrantes del BRIC.

Presento algunas cifras que ilustran las relaciones del BRIC con Suramérica y el Caribe, pues no se puede ignorar la presencia de Brasil en Suramérica. La actual presidenta de este país Dilma Rousseff en su visita a China programada para el mes de abril, y en la reunión en Asia; en dicha reunión China ocuparía un lugar preponderante en la actividad comercial y económica en el entorno brasileño.

Según la CEPAL, (Comisión Económica para América Latina), el comercio con China de los países de América Latina ha crecido al tal magnitud que llegó a representar un 30% en la última década, y se tiene previsto un crecimiento de un 15% más, para el año 2020.

La relación comercial entre China y Brasil, hasta representar un superávit comercial cuya suma es de $US 5,000 millones, pero es ello, lo que preocupa a Brasil, ya que las asimetrías entre ambos países, no son muy concordantes, por lo que, en esta reunión a celebrarse en China, este país hará planteamientos de suma importancia para ambas naciones.

Véase como el intercambio comercial bilateral de China y Latinoamérica, del año 2000 al 2008, pasó de 10,000 millones de dólares a 143,380 millones. El incremento en los primeros meses del 2010 fue de un 68%, según los reportes de la CEPAL. La actividad comercial de China, se ve reflejada ampliamente en los países: Brasil, Chile, México, Argentina y Venezuela, juntos suman un 60% de las exportaciones de China, y a este intercambio, se ha sumado ya Perú. Como se puede ver, China integrante del BRIC, a más de incrementar su actividad de intercambio comercial con los mismos países integrantes de este grupo, dicho intercambio se ha expandido tanto en Latinoamérica, como a centro américa, lo cual, ayudará también a que Rusia, India y el propio Brasil, se vean favorecidos de este crecimiento tan impresionante del gigante asiático.

Y hablando de ese crecimiento de los miembros del Bric, Rusia no se ha quedado atrás, vemos como su presencia se ha hecho sentir con la firma de diversos convenios de exportación de armamento con varios países de la zona latinoamericana, tiene transferencias de tecnología, licencias de producción y créditos financieros, convenios que han sido ratificados con la presencia del Presidente ruso, acompañado de comitivas políticas y económicas. Dicho presidente tratando de darle la importancia debida a los intercambios comerciales firmados, expresó en su visita en Argentina: **"América latina no es el patio trasero de nadie"**.

India invirtió en el 2009, cerca de 10,000 millones de dólares en América Latina. La relación entre este país y la zona, ha aumentado a 18,000 millones durante la última década; igualmente muchas empresas de América Latina, han firmado convenios con empresas indias, lo que para ambas ha significado un incremento en el valor agregado de sus actividades comerciales, sociales y políticas.

5. EL MERCOSUR.

El MERCOSUR, que ha sido la base de despegue regional, y que este organismo ha sido la plataforma de mayor logro en la creación de una conciencia geopolítica de un gran bloque, generando una acción integradora entre los países miembros, muy a pesar de las diferencias y dificultades a hora de tomar decisiones, pero ello no ha sido obstáculo para funcionar como un todo político, histórico y cultural frente al mundo.

Ese bloque ha permitido negociar con fortaleza con la Unión Europea, y a partir de la incorporación de Venezuela, Bolivia y Chile, dicho grupo se ha fortalecido más, y por consiguiente eso ha permitido también el llevar a cabo actividades comerciales con los integrantes del BRIC, con lo cual tanto unos como otros, se han visto favorecidos con la diversidad de convenios comerciales firmados, haciendo cada vez más una presencia en el entorno del mundo globalizado.

CAPÍTULO V

China, El Yuan Un Desafío Financiero

1. ANTECEDENTES

Desde 1980 se ha dado una contrastación entre América Latina y dos naciones en pleno crecimiento, me refiero a China e India. En ese año se empezó a temer por parte de los gobiernos latinoamericanos un posible desplazamiento en los mercados internacionales, de parte de las naciones que menciono.

Igualmente en ese año, la economía de América Latina y el Caribe en su conjunto era mas del doble que la de China e India juntas, pero ya en el año 2004, la economía en América Latina, solo representaba el 20%. Las exportaciones mundiales de China e India en la actualidad representan cerca del 60%.

Para algunos gobiernos latinoamericanos, China e India son los culpables del bajo crecimiento de sus países, lo cual es una afirmación equivocada. Por el contrario del crecimiento de las mencionadas naciones debiera ser considerado como positivo, a pesar de ciertos de efectos adversos que la competencia asiática tuviera para América. Estos resultados fueron presentados por el Banco Mundial en un informe titulado: **La respuesta de América Latina y el Caribe al crecimiento de China e India,** cuyo contenido fue objeto de análisis por parte de Latino América, a fin de saber como dar respuesta al desfase generado en sus economías y tomar decisiones en la búsqueda de una mejora en dichas economías.

Entre los efectos positivos para los latinoamericanos, cabe destacar el aumento en la demanda y alza de los precios de los productos básicos como resultado de las mayores importaciones de China e India, lo cual ha beneficiado a los exportadores de productos como el cobre, el petróleo y la soya, productos generados en los países del cono sur de América. Otro aspecto positivo, es que el crecimiento de varios países asiáticos ha permitido la exportación de los países latinoamericanos de productos manufacturados y eso mismo generó la competitividad, con lo cual llegaron a esta zona insumos intermedios más baratos provenientes de China e India. Igualmente China a la fecha se ha convertido en un gran exportador de capital financiero, contribuyendo de esta forma en la generación de bajas tasas de interés en todo el mundo; al mismo tiempo que se aumentó con rapidez su inversión directa en terceros países.

Por desgracia, no todos beneficios que han recibido países ubicados en América del Sur, han llegado a países de Centro América en particular a México, ya que el crecimiento de China e India han afectado negativamente, principalmente en lo que se refiere a la fabricación de maquinaria industrial y eléctrica, productos electrónicos y textiles y confecciones.

Ese movimiento que por algunos especialistas lo han considerado como negativo para América Central y México, hay algunos países como Costa Rica y República Dominicana les ha permitido dar respuesta positiva, lo que les ha ayudado a convertirse en especialistas en la producción de textiles y vestimentas de mejor calidad y mejora en los precios. Por desgracia países como Haití y Nicaragua han sido desplazados a la utilización de mano de obra poco calificada con salarios demasiados bajos.

Por lo que respecta a México, que es un país en pleno desarrollo, es el único pudiéramos decirlo así, que se ha preocupado por hacer frente a esa competencia tan fuerte ejercida por China e India, pudiendo dar la batalla a través de la mejora constante en el uso de nuevas tecnologías y nuevos diseños de productos que por la calidad de los mismos, han ayudado a abrir y mejorar mercados tales como el de la Eurozona y por habiéndose puesto a la defensiva, han tratado de sacar mejor provecho de los tratados comerciales que se tienen firmados desde 1992 (algunos) y el TLC firmado y entrado en vigor a partir de 1994.

Motor de expansión

La economía china creció 10,3% en 2010, pero el crecimiento fue impulsado en gran parte por las inversiones del gobierno, mientras que la contribución del gasto de los consumidores a la expansión continúa reduciéndose.

Composición del PIB

Contribución al crecimiento del PIB

Hasta hace dos o tres años para los profesionales financieros el hablar de China era como algo poco común, hasta que los grandes grupos financieros representados entre otros por inversionistas de la talla de Warren Buffet, James Dimon, Henry Kravis, David Rubistein, decidieron visitar este país, y a su regreso a la Unión Americana, analizaron y consideraron muy en serio el crecimiento de la economía china, fue como a la fecha y para este año 2011, se han dado los pasos necesarios para que las empresas representadas por los señores arriba enunciados fijarán los puntos básicos en el crecimiento financiero de ellas.

La economía de China para el año 2010 superó las expectativas de crecimiento llegando a un 10.3% en dicho año.

Por tanto, ya desde finales del pasado año 2010, a China se le empezó a considerar como la segunda economía mundial, y en consecuencia, la economía japonesa fue desplazada a un tercer sitio.

Sin embargo, el gigante asiático no pudo cumplir la meta en materia de inflación, la que se había propuesto en un 3%, y por tanto, las autoridades han dado a conocer que los precios al consumidor se situaron en un 3.3%, porcentaje que aunque tiene un diferencial mínimo aparentemente, en un país como China, donde su población rebasa mil trescientos millones de habitantes, de los cuales solo 250 millones han superado la crisis de pobreza y generan recursos para sostener la gran masa poblacional.

Con tales expectativas de crecimiento y desarrollo, China está cambiando, está abriendo sus mercados, ha ido aflojando levemente las riendas de su moneda y ha generado una posición clave en el futuro de las firmas de Wall Street. En consecuencia se está convirtiendo en el eje de las estrategias de inversión en un gran número de fondos de cobertura y de capital privado.

Las salidas a bolsa de empresas chinas, ascendieron a US$104, 000 millones en el 2010, según lo documentado por la firma de mercado Dealogic, lo que representó un incremento considerable con respecto al 2009, cuando dichas inversiones sumaron US$54,000 millones.

Dichas cantidades son registradas sin considerar a las compañías situadas en Hong Kong, con lo que se llegaría en el 2010 a un total de

US%126,000 millones. En los EEUU en el 2010 las ofertas iniciales sumaron US$34,000 millones.

Dicho crecimiento no deja de ser preocupante, y precisamente algunos especialistas financieros no descartan que se pudiera desatar una burbuja inmobiliaria, lo cual sería un gran riesgo. Aun así es importante resaltar como grandes profesionales financieros han estado llegando a China a fin de trabajar con fondos tales como: China National Offshore Oil Corp, y China Petroleum and Chemical Corp. o Sinopec, empresas que estuvieron como las grandes protagonistas en el 2010. Las empresas chinas según reportes estadísticos sumaron 3,235 adquisiciones que representaron un valor de US$190,000 millones, aproximadamente 9% del total de acuerdos a nivel global en el año 2010. China también fue el segundo objetivo mas frecuente de compras por parte de empresas extranjeras en 2010, detrás de los EEUU.

Mucho ruido y...

La moneda de China ha subido recientemente contra el dólar, pero ha permanecido fundamentalmente sin cambio frente a una cesta de divisas. La apreciación del yuan en:

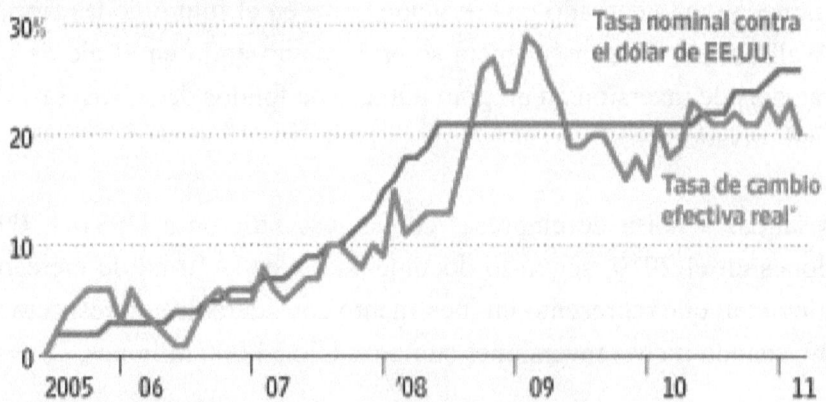

^Contra las monedas de socios comerciales de China, ajustada a la inflación.
Fuentes: Banco de Pagos Internacionales; Banco Popular de China; informe de WSJ

En los mercados cambiarios, los analistas están apostando a que en este año 2011 se permitirá por parte de las autoridades financieras chinas, acepten que el Yuan no se siga apreciando.

La economía china se expande a grandes pasos que ha estado ayudando a evitar el estancamiento de otras economías. La demanda china, es un factor determinante en el precios mundial de los comodities y las acciones de las empresas proveedoras de dichos bienes.

Lo aquí descrito, nos ayuda a comprender porque los mas grandes inversionistas están a favor o en contra de China. Lo optimistas estiman que el poder se seguirá desplazando desde los países desarrollados a los mercados en desarrollo.

A pesar de ese gran crecimiento chino, hay analistas financieros que expresan que todavía no hay la suficiente actividad, como para que los grandes inversionistas se sientan cómodos y hagan grandes apuestas. También ven un riesgo que hace que dichos inversionistas no se decidan a hacer grandes compras de acciones de empresas chinas, ya que dicho riesgo está relacionado con la falta de transparencia regulatoria financiera.

Los pesimistas también enuncian el sobrevalorado mercado inmobiliario, donde señalan la existencia de ciudades fantasmas (y las denominan así porque en ellas residen pocas personas), a pesar de los miles de millones invertidos por ese país en desarrollos inmobiliarios alrededor de Beijing.

De hecho las inversiones en activos creciendo en 2010 un 23.5% y se cree que para el 2011 dicho crecimiento sea de un 20%.

Por tanto, vale la pena preguntar, si las autoridades chinas podrán seguir sosteniendo ese crecimiento y al mismo tiempo controlar la inflación, que al inicio de este 2011, se ha reflejado en los precios de los alimentos y en los costos de los desarrollos inmobiliarios.

Dentro del grupo BRIC, al cual pertenece se han venido agregando otras naciones, como lo son Turquía, Irán y Siria, quienes han conformado el grupo conocido como TIS, según Alastair Crooke, puesto que cada una de dichas naciones representan en lo particular importantes intereses económicos; así podemos decir que Irán es una gasera ampliamente conocida, mientras que Turquía es un pivote entre Asia, Europa y Oriente Medio, grupo más temprano que tarde, despertará intereses para las zonas que se han enunciado, y serán determinantes en el crecimiento económico de las mismas.

Este grupo TIS ha decidido establecer una nueva era de gran cooperación con China, lo cual en su momento ayudará a afrontar las demandas de EE UU y Rusia en los bienes que dichos países tienen en sus territorios y que resultarán estratégicos para las economías de estos grandes entes.

De acuerdo a análisis realizados a diversos documentos en referencia a este grupo (TIS), vemos que Turquía destaca desde estos ángulos:

a. Según el Jefe de Gobierno Turco, Recep Tayyip Erdogán se prevé la construcción de un canal en Estambul, el cual permitirá a des congestionar los mares de Mármara y el Negro; igualmente se ha comentado respecto a cómo este canal podrá influir en el oleoducto que hay entre Burgas en Bulgaria y Alexandroupolis en Grecia, el cual transporta petróleo ruso hacia Europa.

b. El oleoducto a la fecha transporta 150 millones de toneladas de petróleo al año; lo cual lo convierte en una vía marítima muy congestionada, ya que considerando que la preferencia de transportación es el petróleo, el transporte de carga se limita, de ahí que se ha decidido construir el canal.

c. El mencionado canal ayudará a aumentar el tráfico de mercancías distintas; ya que teniendo una profundidad de 25 metros ayudará a que circulen por él, barcos de alto calado, aparte de que no tendrá el problema de parar dicho tráfico debido a la niebla que frecuentemente afecta la otra vía.

La integración de grupos está facilitando el poder desarrollar varios proyectos conjuntos que redundarán en beneficio de las economías de Rusia, Bulgaria y Grecia, pues también construirán 300 kilómetros de tubería para el oleoducto transbalcánico.

El hecho de que se lleven a cabo obras y proyectos como a los que hago mención, no evita que se generen problemas, los que gracias a la integración de ese tipo de grupos, se han ido resolviendo en beneficio de los mismos integrantes y de los países integrantes de la eurozona.

Los comentarios y propuestas del Jefe de Gobierno Turco, expresan que los debido a los bombardeos de la República China, han llegado a representar problemas para EEUU, Europa e Israel y lo anterior lo fundamenta en; 1. China pone un pie en el Medio Oriente más allá de sus confines regionales y se posiciona en un nuevo frente listo para defender por la fuerza, si es necesario, sus fuentes de energía e intereses como superpotencia emergente; 2. Dice que China ha dejado de temer al poderío militar de EU; y 3. El trayecto significativo del vuelo chino con escala para reabastecimiento de combustible en la base área iraní Gayel al Mohammad, al corriente del país persa, donde sus bombarderos fueron recibidos por el general Admad Migan, comandante de la fuerza iraní y 4. China está proveyendo blindaje militar a sus pesadas inversiones a la infraestructura de Asia Central y la cuenca del mar

Carpio, tercera reserva de hidrocarburos del planeta detrás del Golfo Pérsico y Rusia.

Veamos hasta donde ha llegado la importancia de los países emergentes como Brasil, India, China y Rusia (BRIC), que a la fecha se ha invitado a sumarse a este grupo a Sudáfrica, ya que como hemos expresado este grupo se ha convertido en un gran motor de la recuperación económica mundial y aspiran a hacer sentir su peso en los asuntos planetarios.

China, en condición de ser el presidente del BRIC, fue quien invitó a Sudáfrica a incorporarse y el grupo ahora se le identificará como BRICS.

Sudáfrica ofrecerá una puerta de entrada a África, puesto que todo lo que haga Sudáfrica, será para hacer crecer a muchos países integrantes de ese continente.

En cuanto a la evolución de la economía de China en los últimos 10 años, es menester que se haga un análisis de distintos documentos bien por organismos como el Fondo Monetario Internacional, el Banco Mundial o la CEPAL, lo cual me lleva a expresar:

a. En el mes de agosto del 2010, se dio a conocer que China en materia económica a nivel mundial, se había convertido en la segunda economía y que a partir de esa fecha estaba superando a Japón. Este reporte no hizo sino confirmar lo que ya desde el 2009 se venía especulando sobre la posibilidad del derrumbamiento de la economía japonesa debido a la presión hecha por China y su crecimiento en su PIB. A fin de dar una idea respecto al crecimiento del cual se habló en el reporte del FMI, se acordó darlo a conocer en dólares y eso lo reflejó en la siguiente gráfica:

Figura 1. PIB en dólares corrientes

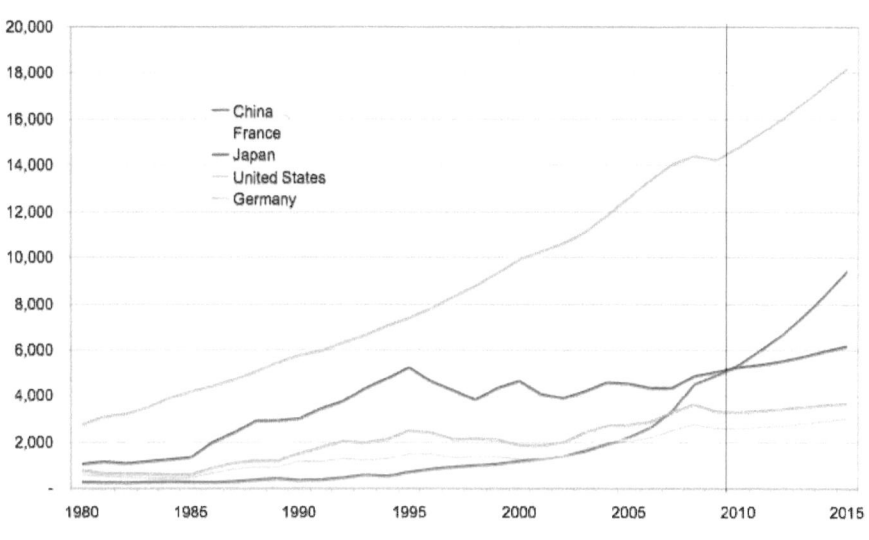

Fuente: IMF, World Economic Outlook, April 2010

Como se podrá observar en la gráfica, se denota que el cruce entre China y Japón habido durante ese año; nótese cómo Japón crecía más que Estados Unidos a inicios de los ochenta (por eso se acercaban las líneas), luego al mismo ritmo (por eso parecen paralelas a inicios de los noventa), y luego se estanca. China, en cambio, crece lentamente hasta el 2000, cuando toma un ritmo muy acelerado, que le permite superar a Francia muy rápidamente, luego a Alemania, y ahora a Japón. Todavía está muy lejos de Estados Unidos, y le tomará al menos quince años más alcanzarlo, si mantienen ambos la tendencia que el FMI estima.

Sin embargo, si se midieran estas mismas economías no por la comparación simple de los dólares comunes y corrientes, sino incorporando las diferencias entre los precios internos de los países, un procedimiento que se conoce como "paridad de poder adquisitivo", entonces las cosas son diferentes, como se ve en la figura 2.

Figura 2. PIB en "dólares internacionales"

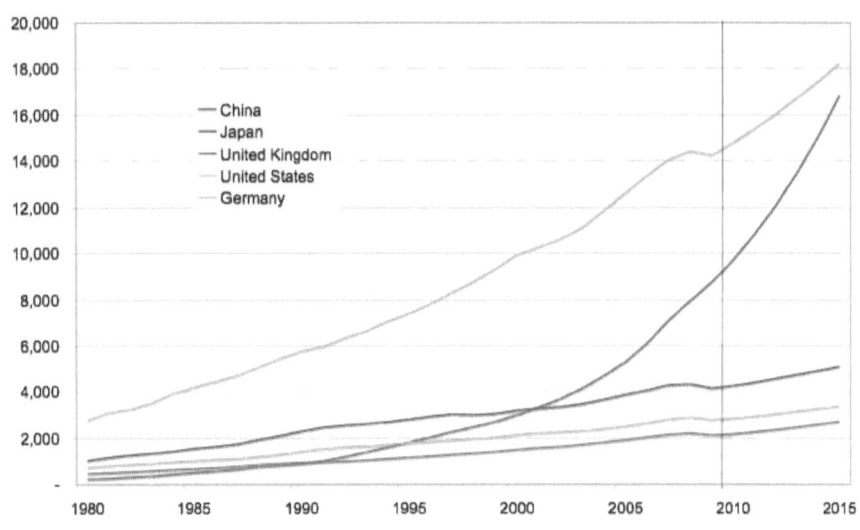

Fuente: IMF, World Economic Outlook, April 2010

Véase cómo, midiendo de esta manera, China empieza a crecer rápidamente diez años antes, y cruza a Reino Unido a inicios de los noventa, a Alemania en 1995, y a Japón hace ya casi diez años. Más aún, con esta forma de medir, alcanzará a Estados Unidos antes del 2020. ¿Cuál es la forma correcta de medir? Depende para qué. Si nos interesa saber cómo viven las personas al interior del país, esta segunda forma es mejor, pero si lo que queremos es comparar el peso que tiene un país en la economía mundial, es preferible la primera, y por la diversidad de comentarios que surgieron con motivo de la información presentada.

Un detalle entre ambas gráficas es que en la primera aparece Francia como la quinta economía, mientras que en la segunda ese lugar lo ocupa el Reino Unido. Se trata de dos economías muy similares en tamaño, y si medimos en dólares corrientes Francia es mayor que Reino Unido, mientras que si medimos en "paridad de poder adquisitivo" es al revés.

Pero en la figura 3 le presento precisamente las economías que siguen (sexta y séptima), en la medición de dólares corrientes, junto con Brasil y México, que son de más interés para nosotros.

Figura 3. PIB en dólares corrientes

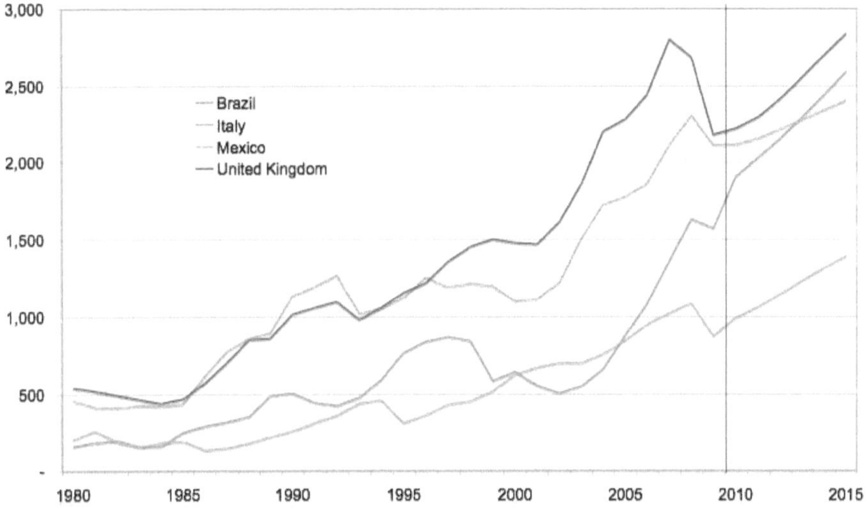

Fuente: IMF, World Economic Outlook, April 2010

De acuerdo con las estimaciones del FMI, Brasil superaría a Italia en un par de años, compitiendo seriamente con Reino Unido y acercándose a las primeras cinco economías. México, en cambio, aunque no deja de crecer (y de hecho, lo hace más rápidamente que Italia), se mantiene muy rezagado. Nuevamente, esto depende de la forma de medir, porque si utilizamos la medición de paridad de poder adquisitivo, entonces Brasil ha superado a Italia desde hace ya unos años, y podrá superar a Francia (la sexta economía mundial en esta medida) en este mismo año. Y México superaría a Italia en el 2015.

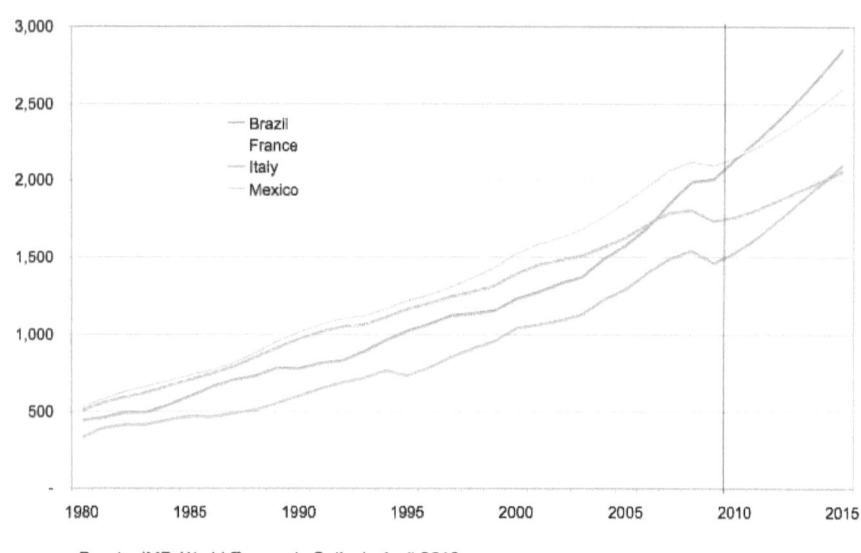

Figura 4. PIB en "dólares internacionales"

Fuente: IMF, World Economic Outlook, April 2010

Es importante que se recuerde que la comparación con esta segunda medida es preferible para entender la vida interna de los países, y no su peso económico mundial. Y también vale la pena recordar que estamos hablando de PIB en conjunto, no por habitante. No se puede olvidar que México tiene más población que cualquiera de los países europeos mencionados, un poco menos que Japón, la mitad de Brasil y la tercera parte de Estados Unidos, lo cual nos dará una idea mejor para entender la información que se presenta en esta serie de gráficas. Y claro, recordemos que China tiene más población que todos los demás países que hemos comentado, incluso sumados.

China es ya la segunda economía, Brasil crece, y México por desgracia y muy a pesar de los ofrecimientos constantes de nuestros gobiernos en cuanto ahora si ya estamos en el camino correcto de crecimiento, vemos que cuando no es por una cosa es por otra, y la industria no crece y las exportaciones no se tienen como las que debieran ser y se siguen posponiendo decisiones, a fin de colocar al país en la zona altamente competitiva.

b. De acuerdo al reporte del Banco Mundial se tiene previsto que la economía de China va a crecer un 9.3% para este año 2011, por encima de su estimación del 8.7% del pasado mes de noviembre del 2010, y el problema inflacionario se cree que rondará el 5%, un punto porcentual arriba de lo que se previó.

La cifra del 9.3% está por abajo del crecimiento que tuvo en el año 2010 según el informe trimestral sobre la economía china presentado en Pekín, previéndose un crecimiento del 8.7% para el año 2012. Todo lo anterior a pesar de que la inflación puede llegar al 5.4%, lo cual sería un record y eso podría generar una burbuja inmobiliaria, lo cual ha venido preocupando a las autoridades financieras de este país.

El gobierno chino ve con buenos ojos las perspectivas de crecimiento, muy a pesar de que el consumo interno en este año no ha sido el esperado, pero se piensa que la inversión va en ascenso y esto va a detonar el crecimiento.

Otro problema que tienen que enfrentar las autoridades financieras y económicas chinas es lo que tiene que ver con su moneda, (el YUAN), ya que a pesar de las presiones ejercidas por el gobierno de los Estados Unidos y la Unión Europea a fin de que sea apreciada dicha divisa, los chinos se opuesto a ello, ya que consideran que dicho fenómeno afectaría sus exportaciones, aunque de un modo u otro, dicha apreciación se ha venido haciendo paulatinamente.

Respecto a la posible apreciación del yuan, en este año influyentes líderes chinos están prestos a aceptar dicha apreciación, pues están considerando que esto ayudaría a controlar la inflación.

El 20 de abril 2011, el primer ministro chino, WEN JIABAO, durante una reunión en el Consejo Estatal, expresó el fortalecimiento de la flexibilidad de la tasa de cambio del yuan como de las varias herramientas que el gobierno puede utilizar para controlar los precios.

China después de varias discusiones en el entorno financiero de esa nación, se pudo detectar la posibilidad de apreciar su moneda, lo anterior fue declarado por Mark Williams, economista especializado en China de Capital Economist, con sede en Londres. Su predicción fue en el sentido de que a finales de este año 2011 su cotización frente al dólar andaría alrededor de 6.20 yuans por dólar, una alza de aproximada de 5.25%.

Otra situación que llamó la atención, fue la decisión tomada por el gobierno chino, específicamente expresada el gobernador del Banco Popular de China, el señor ZHOU XIAOCHUAN, que será la reducción de la acumulación de reservas de moneda extranjera. Dichas reservas a esta fecha acumula un total de US$3 billones (millones de millones) de dólares, resultado de la política monetaria china establecida por el banco central de ese país que consiste en la obligación de comprar dólares de exportadores e inversionistas extranjeros, tantas reservas superan los requisitos razonables.

Debido al sin número de presiones que han estado ejerciendo tanto el gobierno de los Estados Unidos, como la Unión Europea, el banco central chino está activamente considerando nuevas reglas que harán más fácil ingresar fondos en yuanes recaudados en el extranjero hacia el país, señaló un alto funcionario monetario de Hong Kong. Eso representaría un gran paso en la internacionalización de la moneda china.

Funcionarios de Hong Kong entraron en discusiones con funcionarios de china a fin de permitir inversiones extranjeras directas en china con el uso del yuan, también conocido como RENMINBI o RMB.

La tendencia es que a través de este cambio de políticas de inversiones extranjeras tiende a la eliminación de obstáculos al crecimiento naciente de un mercado por la moneda china, mercado que ha estado tomando auge en Hong Kong y otros lugares fuera de la frontera de china.

Al llevar a cabo las medidas anunciadas por el banco central chino, es promover el amplio uso de la moneda (el YUAN) y evitar hasta lo posible el uso del dólar, lo cual en un momento dado que el valor de dólar se debilitara, perjudicaría a las reservas chinas, puesto que éstas están en dólares.

2. CHINA PIERDE EL GUSTO POR INVERTIR MUCHAS DE SUS RESERVAS EN DÓLARES.

Dada la situación que se ha presentado en el problema de las divisas en el mundo, China, según datos del tesoro de los Estados Unidos ha perdido el apetito en invertir un monto fuerte de sus reservas en dólares, las cuales se han venido comentando que suman $3,2 billones (millones de millones), de dólares y estará pensando hacer inversiones en euros (aprovechando la baja en el poder adquisitivo de dicha moneda), además de que se ha presentado la problemática de la deuda agobiante de los mercados europeos.

Reuters

3. ¿UNA MEDIDA JUSTO A TIEMPO?

Algunos economistas afirmaron que la medida de China estuvo muy bien calculada. "Sería óptimo para China adoptar una estrategia contraria y elegir los momentos en que el dólar está fuerte para diversificar agresivamente la composición cambiaria de su cartera de reservas", afirmó Eswar Prasad, un especialista en China del centro de estudios Brookings Institution.

China no revela cómo invierte sus reservas extranjeras, que crecieron mucho durante los últimos 10 años. Beijing usó su control sobre la tasa de cambio como una herramienta clave en su estrategia de desarrollo y acumuló inmensos superávits comerciales. Eso requiere que el Departamento Nacional de Moneda Extranjera del gobierno chino (SAFE por sus siglas en inglés) invierta las ganancias en otros países.

China ha tenido muchos motivos para intentar reducir su exposición al dólar. Entre ellos, los retornos muy bajos que pagan los títulos del Tesoro estadounidense y la vulnerabilidad de las decisiones de Washington sobre la administración de su deuda que podría causar inflación que erosionaría el valor de esos papeles. El debate el año pasado sobre un aumento del tope de la deuda estadounidense generó temores de que la Casa Blanca podría dejar de hacer algunos pagos.

Nick Lardy, un especialista en economía china del centro de estudios Peterson Institute, observó que una caída en las inversiones chinas en deuda emitida por las grandes hipotecarias estatales de EE.UU., Fannie Mae y Freddie Mac, respondieron por gran parte del declive. En el período cubierto por el sondeo anual, China siguió engrosando su cartera de deuda del Tesoro estadounidense, afirmó.

Datos mensuales sobre la cartera china de deuda soberana de EE.UU. han sido considerados menos confiables que la encuesta anual. Pero el Tesoro ahora introdujo una nueva técnica de investigación con el objetivo de mejorar la precisión de los datos. Los números más recientes muestran que el portafolio chino de bonos del gobierno estadounidense cayó US$156.000 millones, a US$1,15 billones, en el período cubierto por el sondeo anual. Eso sugiere que la diversificación de China para alejarse del dólar continuó en el segundo semestre de 2011.

Menos verde

Valores de EE.UU. y denominados en dólares como porcentaje de las reservas totales de divisas extranjeras de China.

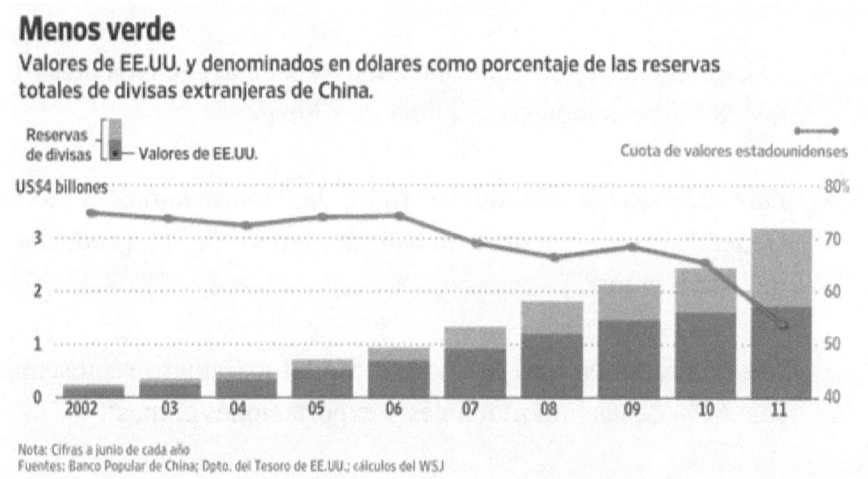

Nota: Cifras a junio de cada año
Fuentes: Banco Popular de China; Dpto. del Tesoro de EE.UU.; cálculos del WSJ

4. CHINA EN LA ECONOMÍA MUNDIAL

China está llegando a ser el centro de gravedad del proceso manufacturero mundial. En los últimos años, ha estado entre las cinco mayores receptores de inversión extranjera; y es el mayor destinatario de inversión industrial extranjera. Ha sido el motor de crecimiento de la economía imperialista mundial. Consume del 20 al 25% de las reservas mundiales de hierro, acero, aluminio y cobre. Representa un tercio del aumento de la demanda mundial de petróleo[1].

Está profundamente metida en la economía mundial. Es el mayor tenedor extranjero de dólares del mundo. Compite por las materias primas y energéticos de África y otras partes, con Estados Unidos (y otras potencias imperialistas). Está surgiendo como una fuerza geoeconómica más y más agresiva en el mundo. El imperialismo estadounidense, por su parte, ha estado ubicando a China como un competidor y rival potencial a largo plazo.

El rápido crecimiento de China está entrelazado con enormes entradas de capital de inversión extranjera:

- El capital extranjero controla la mayoría de los activos de 21 de los 28 sectores industriales líder de China[2].

- Para comienzos del nuevo siglo, las transnacionales como General Electric representaban un tercio de la producción industrial china[3].

- Las empresas en que se invierte capital extranjero representan casi 60% de las importaciones y exportaciones chinas[4].

Las inversiones por capitales extranjeros en China han creado enormes complejos de producción en las zonas costeras, adonde va el 80% de toda inversión extranjera. En los últimos 20 años, unos 200 millones de trabajadores rurales se han mudado a zonas urbanas para encontrar trabajo[5]. Este ejército de migrantes superexplotables, de salarios bajos y discriminación en alojamiento y servicios, satisface las necesidades de estos complejos de producción.

Se ha invertido fuertemente el capital extranjero en China en productos manufacturados de bajo costo y bajo valor, como prendas de vestir. China también produce productos electrónicos y de tecnología de informática, y ahora es el mayor exportador a Estados Unidos de computadoras, aparatos electrónicos de computación y otros productos afines. Pero una alta proporción de esas exportaciones supone montaje en fábricas de propiedad extranjera en China u operaciones subcontratadas a los capitalistas de

China que usan componentes de alta tecnología manufacturados fuera de China[6]. Esto es un ejemplo del desarrollo distorsionado de China.

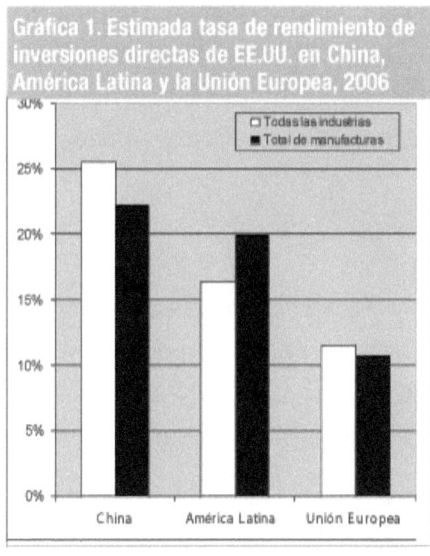

Gráfica 1. Estimada tasa de rendimiento de inversiones directas de EE.UU. en China, América Latina y la Unión Europea, 2006

Esta gráfica ilustra la tasa de rendimiento de las inversiones industriales de EE.UU. en China que está al doble del nivel de las inversiones comparables en los países de la Unión Europea y más alta que en América Latina.

China es el mayor receptor de inversión directa extranjera en el tercer mundo. Y las empresas extranjeras consiguen ganancias excepcionalmente altas de sus operaciones en China. Como muestra la Gráfica 1, las tasas de rendimiento de las inversiones estadounidenses en manufacturas en China son el doble del nivel de inversiones comparables en países de la Unión Europea (UE), y mayor que en América Latina.

Otro ejemplo del desarrollo regido por el imperialismo: cuando el capital imperialista subcontrata a empresas chinas, las ganancias fluyen desproporcionadamente hacia el imperialismo. Mira el caso de un iPod vendido en Estados Unidos por $299. Solamente $4 se quedan en China con las empresas que arman los aparatos, mientras $160 van a las compañías estadounidenses que los diseñan, transportan y venden al por menor[7].

El capital internacional ha moldeado la economía china y la ha integrado como un eslabón clave en el sistema regional de Asia oriental de producción de altas ganancias, orientada a la exportación.

China depende en alto grado del mercado estadounidense, que es el principal receptor de sus exportaciones. Así que la vitalidad de la economía china depende mucho del crecimiento de la demanda en el mercado estadounidense, demanda que cada vez más se financia con deuda. China también depende de los mercados de exportación de otra manera: tiene que aumentar de manera exponencial las exportaciones para pagar la creciente cuenta por concepto de la importación de energéticos, minerales, alimentos, productos semiacabados, bienes de capital (como maquinaria) y bienes suntuarios para sus nuevas clases acomodadas.

5. LA REALIDAD

El crecimiento rápido con bajos costos y altas ganancias es un importante objetivo de la clase dominante. Se basa en la explotación de la fuerza de trabajo asalariada y la mano de obra de los campesinos, y la sangre y los huesos del pueblo chino. Es un desarrollo económico caótico, ruinoso y desastroso para el medio ambiente.

Cinco de las ciudades más contaminadas del mundo están en China. La Presa de las Tres Gargantas, un enorme proyecto sin paralelo en la historia humana, ha destruido ecosistemas en masa y desplazado a enormes poblaciones. El voraz desarrollo comercial está destruyendo tierras de cultivo a un ritmo acelerado (los funcionarios gubernamentales presionan a los agricultores a que vendan sus derechos de uso del suelo con poquísima compensación). China ya ha perdido la mitad de sus humedales. El desarrollo capitalista es un desastre ambiental. Se ha calculado que la contaminación del aire y del agua y otras formas de degradación ambiental son la causa de enfermedades y muertes prematuras que les roban la vida a unas 400.000 personas de China cada año..

El desarrollo económico de China es un desastre humano:

El terremoto de Sichuan de la primavera de 2008 tuvo un saldo mucho más desastroso para los pobres: las escuelas construidas de manera chapucera para aquellos de menos recursos se derrumbaron y muchos niños murieron innecesariamente. Los campesinos tienen que pagar por servicios médicos y educación. Un reciente estudio del sistema de salud concluyó: "Con mayor frecuencia, aquellos de menos recursos no disponen de plano de servicios médicos"[11].

En la China urbana, es común que los obreros asalariados de bajo pago del sector de exportación trabajan 80 horas a la semana en fábricas en abominables condiciones de salud y seguridad. En el occidente, oímos de la pintura con plomo en los juguetes producidos en China, pero no de los gases tóxicos, de las heridas ni de la pérdida de extremidades en esas fábricas de juguetes. Según un estudio del gobierno chino, se deben salarios al 72% de los casi cien millones de trabajadores migrantes del país, y esta es una fuente importante de capital acumulado por las empresas privadas y extranjeras.

Es significativo que el auge económico de 1990-2002 generó una disminución del empleo asalariado formal en el sector urbano, es decir, los trabajos formales con ciertas protecciones y normas, mientras el sector estatal pretendía lograr más eficiencia y rentabilidad. Se ha generado una buena parte de los nuevos trabajos en el sector privado y especialmente en lo que se llama el sector informal: los trabajos inestables y no regulados, jornaleros eventuales en la construcción de los megaproyectos (rascacielos en las ciudades, infraestructura para los juegos Olímpicos de 2008, construcción de presas), vendedores ambulantes y actividades ilegales.

Una manifestación de estas tendencias es la floreciente "industria del sexo" de China. Unas organizaciones de mujeres calculan que China ya tiene unos 20 millones de trabajadoras del sexo, en su mayoría provenientes del campo para trabajar en las zonas rojas de los enormes centros industriales y comerciales nuevos.

Las mujeres del campo tienen problemas nuevos cuando sus esposos e hijos emigren a las ciudades. Se les reducen las oportunidades. Un suceso social muy triste y poco divulgado en el campo es que cantidades sin precedente de mujeres, de mujeres jóvenes, se están suicidando. Esto dista mucho de la realidad en la China de Mao, en que la lucha contra la opresión de la mujer fue un elemento central de la transformación revolucionaria continua de la sociedad.

CAPÍTULO VI

La Guerra De Divisas

1. ESTABLECIMIENTO DEL SISTEMA MONETARIO MUNDIAL.

Formalmente la conferencia de Bretton Woods tuvo dos objetivos centrales: establecer las bases del sistema monetario mundial y proceder a la reconstrucción. La realidad es que Estados Unidos estaba interesado en consolidar su papel hegemónico a escala mundial. Frente a la visión estadounidense se erigía el visionario plan de Keynes para crear un verdadero sistema monetario internacional.

Ese proyecto contenía dos premisas básicas. Primero, cada país debía enfrentar la deficiencia de demanda agregada crónica de las economías capitalistas sin recurrir a prácticas mercantilistas, exportando su desempleo a los socios comerciales y acumulando excedentes en su cuenta corriente. Segundo, era necesario contar con una unión monetaria internacional y una divisa, el Bancor, que integrara todo el sistema capitalista mundial. El sistema permitiría una mayor estabilidad de precios, mejor coordinación en el comercio internacional recurrir a una política macroeconómica anti-cíclica cuando fuera necesario.

Ante tal situación, Estados Unidos no estaba dispuesto a desperdiciar la oportunidad para consolidar su hegemonía. En ese momento, Harry Dexter White presentó un plan diferente que denominó: "Un Sistema de Tipos de cambio Fijo con el Dólar como Moneda Básica" Las fluctuaciones solo estarían permitidas en una pequeña banda que no rebasara el 1% y los distintos gobiernos tratarían de permanecer al interior de esa cuota, utilizando sus propias reservas. Los tipos de cambio podrían ser renegociados al demostrar que la balanza comercial y de capital no podrían mantenerse con las reservas existentes. Se estuvo de acuerdo que sería el FONDO MONETARIO INTERNACIONAL el organismo encargado de mantener este tipo de orden.

Las monedas o medios de pago son de carácter nacional, ya que cada gobierno monopoliza por un lado su emisión y a su vez controla su circulación. Se trata de que no se cree otro sistema monetario dentro del propio país.

Cada moneda tiene un valor respecto al resto de monedas denominado tipo de cambio. La moneda que tiene un tipo de cambio y que, por tanto es válida para realizar transacciones internacionales, se le conoce con el nombre de DIVISAS.

2. SISTEMAS DE CÁLCULO DEL VALOR DE LAS MONEDAS.

Existen dos sistemas para calcular el valor de una moneda con respecto a otra.

Sistema de Cambio Fijo. Establece un patrón respecto del que se calculan los valores de las monedas. (Patrón Oro hasta 1971). Cada país acepta una moneda con relación a los depósitos de oro que tiene.

Sistema de Cambio variable. Consiste en comparar todas las monedas entre sí dentro del mercado de divisas.

Los ciudadanos demandan monedas estables que vayan a estar sujetas a variaciones que les harían perder dinero por cuestiones exclusivamente monetarias. Al gobierno le interesa tener una moneda estable, a fin de que a nivel internacional su moneda tenga una aceptación sin restricciones y se puedan llevar a cabo diversas operaciones. El estado trata de acumular monedas estables a fin de que en caso de que se llegara a presentar una crisis financiera, su moneda pueden tener una solidez y se puedan vender en el mercado a cambio de la moneda nacional, con lo que se puede controlar la oferta y se puede lograr un aumento en su valor.

Las monedas pierden valor por dos causas: Una, que exista un exceso de moneda en circulación derivada de una excesiva emisión; dos, por el exceso de moneda en circulación por la venta o puesta en el mercado un exceso de moneda de parte de agentes.

En consecuencia, es importante considerar al hablar sobre divisas, a todos y cada uno de los organismos internacionales que de un modo u otro, influyen en el control de los mercados de divisas.

Los grandes organismos internacionales, tales como el Banco Mundial, como el Fondo Monetario Internacional y el propio Tesoro de los Estados Unidos, han lanzado una inquietud respecto a como se han venido manejando las divisas en los países emergentes.

El secretario del Tesoro de EU, Timothy Geithner, ha advertido sin hacer una referencia específica a China, que la excesiva devaluación de las monedas de algunos países emergentes puede poner en riesgo la recuperación económica mundial.

Es una preocupación bastante considerable el movimiento de las divisas en los países emergentes, a grado tal, que dicho problema será el objetivo central a tratar en la próxima reunión a celebrarse en este mes de octubre del Grupo G-20, y a su vez será tema central también en las reuniones a llevarse a cabo tanto del Banco Mundial, como del Fondo Monetario Internacional.

Es China el país que más se resiste a llevar a cabo el reposicionamiento de su moneda el Yuan, puesto que considera que en su momento, le perjudicaría en sus exportaciones, y por tanto los demás países desarrollados este proceder de dicho país, lo consideran perjudicial y poco comercial el actuar de esta manera.

Además, de China, otros países, como Brasil y Corea del Sur, han estado tomando medidas para mantener la cotización de sus monedas, lo que los ha llevado a algunos expertos a hablar de una posible "guerra de divisas".

Entre los problemas que se señalan al mantener en forma artificial el valor de sus monedas, los países emergentes, pueden causar inflación y a su vez burbujas en sus economías, aunque también puede dar como resultado el frenar el crecimiento en el consumo y crear en un corto plazo distorsiones, a favor de las exportaciones.

Ya comento en renglones arriba, que la política de cambio que están aplicando los distintos países emergentes, se ha estado convirtiendo en motivo de tensión, ya que dichos países están utilizando esta situación a fin de incrementar sus exportaciones, mas sin embargo, los países ricos están preocupados ante tal evento, puesto que lo están considerando como una manipulación y dañar a las empresas exportadoras de dichos países, puesto que al cotizar sus monedas más altamente, los importadores, preferirán a aquellos países cuyos precios sean mas baratos y competitivos.

El ministro de Finanzas de Brasil, Guido Mantenga, ha denominado a esta situación como el eje central ("Guerra de Divisas") de la asamblea que llevarán a cabo tanto el FMI, como el Banco Mundial en Washington, ya que como lo ha expresado el propio Dominique Strauss-Kahn, director gerente del FMI, esto va que vuela hacia una guerra de divisas, si los países emergentes se empeñan en resolver sus problemas manipulando los tipos de cambio.

Ante tales circunstancias ha comenzado a circular la idea de que esa situación de manipular los tipos de cambio, sobre todo por los países emergentes, y que esto lo están utilizando como una arma política (económica), se pueden situar en tal situación que las relaciones comerciales puedan agravarse.

3. APRECIACIÓN DE LAS MONEDAS.

Tomando en cuenta el panorama que se comenta, los organismos internacionales están recomendando a fin de lograr un mayor equilibrio y evitar posibles recalentamientos de activos en los países emergentes, se considera necesario que los países con déficit alto como lo tiene actualmente EEUU. impulsen su sector exportador y que los que disfrutan de superávit como China impulsen una demanda interna.

Desde luego al ser China el país con crecimiento alto y constante en los últimos cinco años, que le ha generado superávit, debería apreciar su moneda el Yuan, lo cual a pesar de las presiones ejercidas por los EEUU, no se ha podido materializar dicha situación, puesto que los empresarios chinos, consideran que perderían ventajas competitivas.

La Reserva Federal de los EEUU, así como los Bancos Centrales de otros países avanzados a fin de mantener alto sus niveles recompetencia, se han visto obligados a seguir con una política de tipos de interés bajos, con lo cual esperan dar estímulos a los empresarios y puedan lograr la competitividad deseada.

Las de interés altas en los países de América, que en su mayoría son emergentes, genera que las inversiones de capitales de países desarrollados fluyan hacia ellos, y en consecuencia puedan generarse situaciones inesperadas que traigan consigo problemas comerciales poco coordinados.

Cada día se muestra mas, la presencia fuerte de países como China (principalmente), luego Brasil, Corea del Sur, la misma Rusia, que con su desarrollo comercial, industrial y de investigación y desarrollo, han generado una presencia fuerte, a tal grado que el famoso grupo BRIC (Brasil, Rusia, India y China), sean ya un bloque fuerte dentro del mismo grupo G-20, y por tanto, de acuerdo a estudios realizados, dichas naciones, serán las que desplazarán el poderío de los EEUU para el año 2050.

Las divisas, como podemos ver, son elementos que todos los días juegan el papel de desarrollo de la economía mundial.

4. ANÁLISIS HEMEROGRÁFICO DEL VALOR DE MONEDAS.

En base a la investigación hemerográfica realizada desde hace mas de dos años, en cuanto al problema de las divisas en el mundo, se hace un análisis del mencionado problema, el cual se hará considerando distintos artículos y noticias de diversos periódicos y revistas, nacionales e internacionales.

Según artículo de Andrew Batson en el que se hace mención respecto a cómo los inversores han estado colocando dinero en China a una tasa de decenas de miles de millones de dólares al mes, siendo lo anterior un desafío para el gobierno chino, el que se ha venido preocupando en controlar la inflación, lo cual la ven en alto riesgo.

El banco central chino, ha estado informando respecto al monto acumulado de reservas extranjeras, las cuales aumentaron en el mes de Enero de 2009 en 2.4 billones. Las reservas han crecido debido a la compra constante que ha realizado el banco central chino, buscando actualizar el valor del Yuan, su moneda de curso legal.

Considerando las oportunidades que ha otorgado el gobierno chino hacia la inversión extranjera directa, generó que al finalizar el mes de Diciembre de 2008, sumara la inversión un total de 12,140 millones.

Desde luego a la llegada de tanta inversión directa en ese país, el gobierno tuvo que hacer frente a la demanda de crédito, puesto que también tuvieron que tomar medidas pensando en que la crisis financiera no los fuera a rebasar. Aún cuando los créditos que el banco central, juntos con los demás bancos estuvieron otorgando a los empresarios, y debido a ello se mejoró la economía, convirtiendo a ese país en uno de los grandes exportados de diversos bienes.

Según el economista chino Yiping Huang expuso que "la política monetaria de Estados Unidos fracasará al recortar sus enormes déficit de cuenta corriente y ello va a generar burbujas económicas emergentes". Dicho economista nos quizo hacer notar que los acuerdos tomados en su momento por el grupo G-20 iban a reducir el riesgo en la guerra de divisas; pero en lo que debió pensarse y pugnar por acuerdos relativos a evitar ese riesgo completamente.

Esta guerra llamada "Guerra de Divisas" en estas fechas, de hecho el presidente Nixon la inició cuando obtuvo acuerdos financieros que eliminaron el patrón oro, lo cual fortaleció al dólar frente a las otras monedas, porque a partir de esa fecha, todos los países han considerado al dólar como la moneda fuerte, a tal grado que las reservas monetarias están sustentadas en dólares, lo cual ha facilitado a los propios Estados Unidos a tener fuerza financiera y económica y presionar fuertemente a las diversas monedas, lo cual ha generado caída en sus valores y por consiguiente, la generación de grandes devaluaciones.

Es importante resaltar las siguientes cuestiones que nos ilustran respecto a lo que los Estados Unidos han hecho desde 1985, donde iniciaron una guerra contra el marco alemán (lo cual hizo que esta moneda buscara un refugio en lo que ahora es el euro), y luego siguieron estableciendo presiones contra el yen japonés, habiendo logrado ponerlo de cabeza, lo cual hasta estas fechas no se ha repuesto, afectando la situación financiera de esta nación.

A últimas fechas (`por decirlo de otra manera), ha entrado en el teatro de la guerra de divisas, la moneda de China, el yuan, nación a la que han estado presionando a que debe revaluar dicha moneda, puesto que afecta en demasía a los intereses comerciales y económicos de la nación más poderosa, pero cuáles son los resultados, que hemos venido observando golpes fuertes hacia el dólar, y las cosas a la unión americana, no le han salido como esperaban, vemos como el déficit fiscal cada día es mayor y el debilitamiento del dólar se agiganta.

Durante la reunión del G-20, el ministro de finanzas alemán, Wolfgang Schaeuble, expresó que EEUU está minando los esfuerzos para crear un campo de fuego conjunto en el Mercado de Divisas. Al referirse a la actitud presentada por EEUU, lo relaciona con lo que este país ha hecho con China, generando la baja de la tasa de interés, lo cual generó una expansión cuantitativa.

Los economistas dijeron que la disputa podría reavivar una guerra de divisas, incluso a pesar de que los países del G-20 han estado buscando un cierto consenso en las últimas semanas para atajar los desequilibrios del mercado de divisas. Las recientes acciones unilaterales de países como Japón, Brasil y Corea del Sur para frenar el valor de sus monedas ha alimentado los temores de una inminente guerra en los mercados mundiales de divisas.

La decisión tomada por EEUU aumentó el riesgo respecto a que el EURO subiera por motivos equivocados, sobre todo tomando en cuenta que en esa fecha el crecimiento europea se estaba suavizando.

Debido a los tipos de interés cercanos al cero en EEUU y el rígido sistema de divisas de China, los países emergentes se enfrentarían a masivos influjos de capital, empujando a sus divisas al alza.

Entre los países emergentes que también criticaron a EEUU, fue Corea del Sur quien no descartó imponer controles en el flujo de capital que han estado entrando en su economía.

Hong Kong, que mantiene su divisa fijada de facto al dólar estadounidense, dijo que los influjos de capital forzarán al Gobierno a imponer requisitos de préstamo más estrictos en las compras inmobiliarias con el objetivo de evitar burbujas de precios. La decisión de EEUU, generaría una guerra de divisas, lo cual llevaría al debilitamiento del dólar.

Aunque es excitante el mundo de las divisas, y más aún cuando se enfrentan los colosales del mundo monetario abriendo oportunidades de jugar, no quiere decir que tengamos que arriesgar lo poco que tenemos y terminar bajos las piernas del mercado volátil.

¿Qué está pasando? Aunque los especialistas no quieren llamarle "guerra" sí reconocen que los tambores están sonando y las tropas se están moviendo. Especialmente China, Estados Unidos y ciertos países de la Eurozona, están jugando el suma cero ("zero sum game") con el valor de sus monedas donde uno tiene que perder para que el contrincante pueda ganar.

CAPÍTULO VII

El Yen, Moneda Constantemente Amenazada

1. ANTECEDENTES.

Durante el siglo XIX una de las monedas que más abundaba en circulación en Japón era el dólar español de plata (conocido como real de a ocho), que también era la moneda más común en China y otras zonas del sureste asiático. Estos dólares españoles eran en su mayoría acuñados en América del Sur, sobre todo en México. A partir de 1840, con la aparición de nuevos países independientes en Latinoamérica, el dólar español comenzó a ser sustituido por monedas propias de esas zonas, la primera de ellas fue el dólar de Hong Kong. El dólar de Hong Kong no fue muy bien aceptado por la población de China que prefería seguir usando el dólar español tradicional y Hong Kong dejó de acuñar dólares y vendió a Japón la maquinaria que utilizaba para fabricar las monedas.

Japón comenzó entonces a acuñar monedas de dólar de plata a las que dieron el nombre de "yen". El 10 de mayo de 1871, bajo gobierno Meiji, el yen fue adoptado de forma oficial. Por tanto, el **yen** en aquel entonces **era una moneda descendiente del real de a ocho español**, con un valor similar al resto de los dólares.

La fuerte devaluación de la plata desatada en 1873 provocó una devaluación del yen frente al dólar estadounidense y el dólar canadiense, pues ambos países habían adoptado el patrón oro como tipo de cambio fijo para su moneda. Esta devaluación prosiguió hasta que el yen alcanzó un valor de 0,50 dólares estadounidenses en 1897, motivo por el que Japón adoptaría ese mismo año el estándar oro fijando el valor de 1 yen en 24,26 gramos de oro (0,77 onzas troy).

2. TIPO DE CAMBIO FIJO YEN – DÓLAR ESTADOUNIDENSE.

Tras la Segunda Guerra Mundial se produjo una inestabilidad económica importante que hizo sufrir una marcada devaluación al yen japonés. Ante esta situación, el yen se vio fuertemente infravalorado, lo que se notaba en el alto coste de las importaciones, mientras que las exportaciones japonesas eran muy baratas a nivel internacional. Para parar la caída del yen japonés el gobierno nipón fijó el valor del yen al dólar en 360 JPY = 1 USD a través del sistema de Bretton Woods. En 1971 Estados Unidos abandonó el patrón oro y el sistema de Bretton Woods. Japón fijó entonces el yen japonés al dólar estadounidense con un nuevo tipo fijo a través de los Acuerdos del Smithsonian, dejando el tipo de cambio en 308 JPY = 1 USD. Este cambio no tuvo el efecto deseado y fue abandonado en 1973 pasando el yen japonés a un sistema de tipo de cambio flotante.

El valor relativo del yen japonés respecto a otras divisas es determinado en el mercado de divisas por las fuerzas económicas de la oferta y la demanda. La oferta del yen en el mercado se rige por el deseo de los titulares de yenes de cambiar yenes por otras divisas para comprar bienes, servicios o activos. Por su parte, la demanda yenes se rige por el deseo de los extranjeros de adquirir bienes y servicios en Japón y por su interés en invertir en Japón (compra activos reales y financieros denominados en yenes). Este sistema de tipo de cambio flotante ha sido fuertemente intervenido por el Banco de Japón. Desde la década de 1990, el Banco de Japón, el banco central del país, ha mantenido unos tipos de interés bajos para estimular el crecimiento económico. Los tipos de interés del Banco de Japón se redujeron de 3,7% a 1,3% entre 1993 y 2008. Los bajos tipos de interés junto con una alta liquidez de yenes, ha llevado a los inversores a pedir préstamos monetarios en Japón para su inversión en otros países (una práctica conocida como carry trade). Esto ha ayudado de forma decisiva a mantener el valor del yen bajo en comparación con otras divisas.

3.   INTERVENCIONES DEL BANCO CENTRAL JAPONÉS.

Durante el año 2011 el yen registró una marcada subida, hasta el punto de llegar a intervenir el Banco de Japón en el mercado de divisas para parar la subida de su divisa, alcanzando un tipo de cambio de 75 JPY por dólar estadounidense.

En el mes de agosto de 2010, se vio como la moneda japonesa se estuvo enfrentando a las presiones de diversas divisas y las autoridades del Banco Central Japonés, se siguen quebrando la cabeza respecto a cómo enfrentar el fortalecimiento de su moneda y por mas que le buscan, se dan cuenta que no hay mucho que hacer ante tal situación.

El dólar americano se vio presionado por el Yen, a grado tal que por primera vez en ocho meses su cotización se fijó en 85.32 yenes por dólar.

Este ha sido el nivel mas bajo tenido desde el pasado 27 de noviembre del 2009, cuando se cotizaba en 84.82 yenes por dólar. Si el Yen se siguiera fortaleciendo, podría generar una caída del dólar a punto mas débil frente al Yen similar a sucedido hace 15 años, lo cual lo estaría colocando en situaciones similares a las vividas desde la Segunda Guerra Mundial, una cotización 79.75 yenes por dólar en el año de 1995.

El ministro de finanzas del Japón, al ser entrevistado respecto a esta situación que se ha presentado, frente a la divisa americana principalmente, expresó que su preocupación en los próximos días sería el realizar un monitoreo en las tasas de cambio del yen, mas sin embargo, no quiso comprometerse a expresar que medidas mas fuertes tomaría su gobierno a fin de superior tal posición tomada por el Yen las últimas semanas.

El auge el Yen se explica en base a una serie de factores, entre otros, a lo que en su momento vaya hacer la Reserva Federal de los Estados Unidos, sobre todo considerando que la economía de dicho país todavía a la fecha, no ha superado totalmente el problema de la crisis financiera y económica, el problema del desempleo, la tasa de 9.5% al finalizar el mes de Julio, la siguen considerando grave, y mas aún cuando la misma administración del Presidente Obama, retiró 143 000 puestos en ese mismo mes de Julio.

Otra situación a considerar en este problema del fortalecimiento del Yen, es el que tiene que ver con la política asumida por la República de China, su gobierno se ha dedicado a acumular divisas en Yenes, a mas que dicha nación es la mayor participante en el mercado de divisas del mundo (actualmente acumula US$2,5 billones en reservas y en Yenes ha acumulado 1.27 billones. Por tanto la acumulación de reservas en yenes de parte de China, ha generado una demanda tal, que le da un fortalecimiento a dicha divisa, y por tanto, es importante conocer que va a suceder en cuanto a las medidas que vaya a tomar la Reserva Federal de los Estados Unidos, y cual será la respuesta del Banco Central Europeo, que quiérase o no, la economía de la Unión Europea, también se ha visto muy golpeada por la crisis mundial. No olvidemos la situación crítica por la que pasó Grecia, Portugal, Islandia; si que dejemos de pensar en lo que sigue padeciendo España, donde también el problema de desempleo está en tasas que superan el 11%.

Otra situación que hace pensar, que la revaloración del Yen sea un tanto preocupante, es como los inversionistas privados chinos, se han lanzado a comprar bonos japoneses, lo cual entre otras cosas, los expertos en inversiones en el mundo, expresan que lo anterior se ha basado en que los inversionistas globales, se han alejado de la divisa Yen por varios años, lo cual los hizo pensar, que dichos inversionistas no tienen acumulación de esta divisa en sus portafolios y ahora, han volteado a llevar a cabo inversiones de este tipo, buscando consolidar las ganancias en dichos portafolios.

Mas sin embargo, no todo es miel sobre hojuelas en la economía nipona, ya que un Yen fuerte puede generar una caída en sus exportaciones, las cuales son un gran motor en su crecimiento económico, lo cual en su momento representaría un costo alto en el mercado global.

Dentro de las medidas que el Banco Central Japonés está pensando implementar, está el incrementar las tasas de interés, lo que presionaría a la divisa y ésta tendría que ir a la baja; esto se piensa que no sería una gran solución, porque también se debe considerar la posibilidad de que la Reserva Federal de Estados Unidos, pueda tomar una política reductiva en sus tasas de interés, y por consiguiente, las facilidades de financiamiento serían mejores en esta nación y la competencia comercial, estaría en desigual, hacia el Japón.

Otra posibilidad sería que el Banco Central Japonés, se pusiera a vender yenes y dólares, con lo cual intervendría en los mercados de divisas, mas sin embargo, no es una decisión fácil, tomando en cuenta que las economías desarrolladas en la actualidad, se han comprometido a que sean las fuerzas del mercado las que dirijan los niveles de divisas, con lo cual habría una coordinación internacional, a fin de que la intervención sea realmente exitosa en un largo plazo.

Ahora bien, desde el punto de vista diplomático, Japón tendrá que ser precavido, no debe olvidar la posición financiera y económica de China (quien se ha negado a revaluar el Yuan, aún a pesar de la presión Norte Americana) y su economía seguirá creciendo a un promedio de un 8% u 8.5% en los años venideros.

Los especialistas en mercados de divisas, no descartan que el Yen frente al Dólar tendrá una cotización razonable entre 90 y 100 yenes.

4. EL YEN PODRÍA SEGUIR DÉBIL FRENTE A OTRAS DIVISAS.

El yen podría seguir débil frente a otras divisas. Hay varias razones que me llevan a pensar acerca de esta cuestión. Por un lado, Japón seguramente **intervenga de nuevo su divisa mediante ventas masivas de yenes**, para evitar su apreciación y favorecer las exportaciones niponas, única manera de lograr un crecimiento económico sostenido en el tiempo.

Por otro lado, **el binomio deuda-PIB se encuentra por encima del 200%**. Este ratio es bastante perjudicial, máxime si tenemos en cuenta que toda superación del 100% es una situación delicada desde el punto de vista macroeconómico y que su inflación es negativa.

En el caso del **Eur/Jpy (Euro/Yen)** es interesante saber que presenta por arriba algunos niveles donde se puede asistir a un recorte en corto plazo, pero enmarcado dentro de una secuencial alcista. Para empezar, y aunque esté lejos, les recomiendo que anoten la zona de 122,65 para buscar un recorte a la baja el día que llegue el precio. Previamente, hay otro nivel en 117,75, aunque es más débil y el riesgo es bastante mayor.

En el **Usd/Jpy (Dólar/Yen)** la situación es muy parecida. La zona de 85,33 es el nivel a priori sólido e interesante para buscar un recorte de corto plazo.

Ante tales circunstancias el ministro de Finanzas nipón Jun Azumi fue quién mostró preocupación respecto a posible revalorización de esta moneda.

5. POSIBLES APORTACIONES DE JAPÓN A LA EUROZONA, A FIN DE PALIAR LA CRISIS FINANCIERA.

Aun cuando se platicó en la reunión del FMI respecto a reunir 500,000 millones de dólares en fondos adicionales destinados a préstamos para poder acometer los crecientes desafíos globales, en especial para aliviar las tensiones por la crisis de la deuda europea. El banco central nipón solo consideró la posibilidad de aportar una cantidad a aportar al FMI, no se concretó en ningún momento si cabría la posibilidad o no de dicha aportación.

Aunque Japón siempre ha contribuido al FMI, Azumi expresó, que comprende la situación de dicha institución pero a estas fechas no están en posición de hacer aportaciones, ya que las presiones de los mercados de divisas son bastantes fuertes, y lo único que se ha generado una especulación sobre las mismas, en virtud de que no hay nada estable en la eurozona, y el euro sufre constantemente presiones por el dólar y se ve presionado por las deudas públicas y déficit fiscal de varios países de dicha zona.

6. ¿POR QUÉ SE APRECIA TANTO EL YEN JAPONÉS?

El yen ha alcanzado máximos históricos en los últimos quince años frente al dólar. Tras Bretton Woods Japón había multiplicado su renta y su productividad varias veces y todo el mundo entendía la fortaleza del yen, aunque fue una de las causas de la burbuja, pero la pregunta recurrente ahora es ¿cómo puede la divisa de un país que lleva casi veinte años estancado apreciarse? La respuesta es que el hecho de que una moneda refleja los fundamentales de la economía real es un mito.

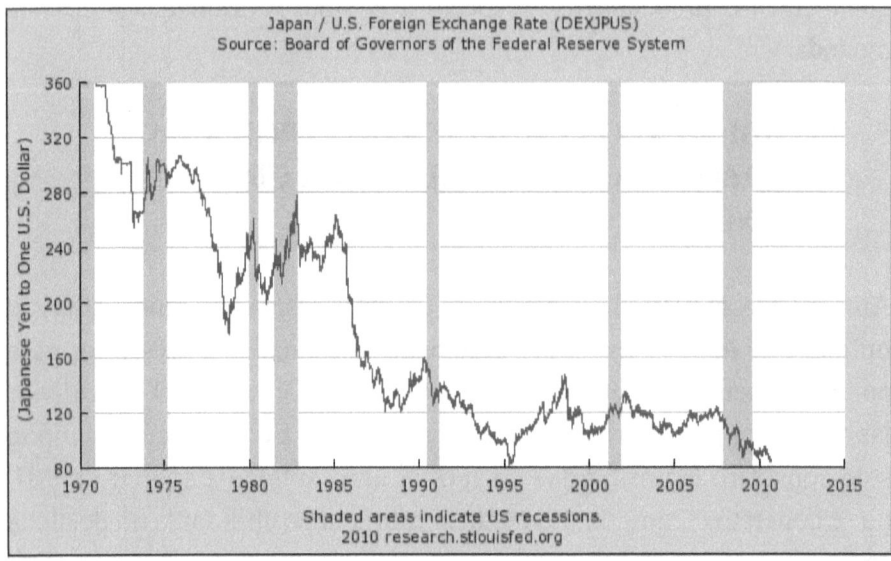

No se debe olvidar que en el año 1998 el Banco Central Europeo publicó su primer cambio oficial del euro frente al dólar, éste valía 1.04 dólar por euro. En esa fecha difícilmente los expertos en materia de divisas (hasta las grandes universidades, como Harvard y Yale) no entendían que el dólar pudiera estar por debajo de la moneda de comunidad europea, muy a pesar de que la economía de los Estados Unidos era fuerte y reconocida a nivel mundial.

Mas sin embargo, el ver un dólar por abajo del euro, se hacían conjeturas en cuanto a como se iba ir afrontando esa diferencia, lo cual se llegó a pensar como una buena oportunidad para la economía norteamericana y poder exportar más mercancías y ayudar al crecimiento económico de esa nación, que en principio se vió preocupada por esa distorsión de equilibrio frente a dicha divisa.

Se debe tener presente que el valor de las monedas de cada país se verán más fuertes a medida que su renta se incremente (sobre todo la renta por cada uno de los habitantes de los países), lo cual sucederá a largo plazo, puesto que los cambios en las economías se dan en función del crecimiento y desarrollo de las mismas economías de las naciones en el mundo. Recuérdese que a mayor producción en dichas naciones, mayores posibilidades habrá de exportar y al realizar esta actividad, se podrá contar con un mayor arribo de divisas y aunque no siempre el tener una mayor cantidad en reservas, se asegura la estabilidad económica, si permite que los riesgos país, sean menores y la colocación de valores en el mercado bursátil, se darán con mejor beneplácito de parte de los inversores, ya que éstos, siempre estarán buscando una mayor estabilidad y protección en sus inversiones.

Los flujos financieros, son producto de las inversiones directas o indirectas en los distintos mercados (sean éstos o no mercados emergentes), a la hora de estar escribiendo estas notas nos encontramos que el mercado de divisas tiene un movimiento diario de más de un billón de transacciones y se estima que tan solo por operaciones derivadas del comercio internacional, representan un 5% de las mismas. Pero si las operaciones de comercio internacional es solo dicho porcentaje, del cien por ciento de los movimientos en divisas, los flujos de efectivo representan una cantidad considerable, por lo que los diversos países receptores de divisas siempre se verán favorecidos y su estabilidad monetaria, tendrá un mejor respaldo cada día.

Ante tal panorama, que papel juega el Yen en ese entorno del movimiento de divisas? Simplemente que Japón estará recibiendo una buena cantidad de divisas, y aunque se preguntarán de donde llegarán más a dicha nación, es difícil saberlo, puesto que la economía de dicho país (que a la fecha ha sido desplazada por la economía China), no deja de seguir siendo una nación muy representativa en entorno de la economía mundial.

También es importante, hacer notar que dado el constante crecimiento de la economía nipona, y aunque ésta se vea fuertemente amenazada por la economía del país vecino (China) y esta nación ha tratado desde hace ya mucho tiempo de distorsionar las finanzas japonesas mediante las grandes inversiones en bonos estadounidenses, el Yen sigue fortalecido frente al dólar y se espera que la lucha frente al Yuan traiga a Japón resultados favorables y le permita ser siendo considerada una divisa de importancia en las operaciones comerciales en el oriente.

Actualmente y debido al alto déficit de los EEUU, producto en mucho del crecimiento de su deuda externa (los chinos como he dicho han hecho grandes inversiones en comprar bonos del tesoro) y los japonés no se quedan atrás en la adquisición de estos valores, ya conocimos que en los años 2008, 2009, 2010 y 2011, la economía norteamericana sufrió grandes descalabros, debido entre otras cosas, a la colocación y rescate de bonos basura (sobre todo las hipotecas), tuvo que afrontar el rescate de grandes bancos y empresas aseguradoras y a las dos más grandes hipotecarías, lo cual le generó una salida de dinero de sus finanzas hasta por un monto autorizado por su congreso, en la cantidad de 750,000 millones de dólares, lo que a su vez dio origen a que su crecimiento en deuda fuera mayor y pusiera a esta nación al borde de un gran colapso financiero, que a la fecha, no ha podido resolver su problema de desempleo, los brotes sociales, no se han hecho esperar (se han visto manifestaciones en contra de las grandes instituciones financieras, solicitando evitar la explotación desmedida de los que menos tienen) y además en el entorno mundial, la economía norteamericana sufrió además, una caída en su producto interno bruto, que por desgracia repercutió en las economías de muchas economías de otros países, los cuales envían sus productos a Estados Unidos.

Japón al contrario de los Estados Unidos, tomando la experiencia tenida en esta nación en lo que respecta a endeudarse por medio de hipotecas, compras en abonos, sus ciudadanos han reprimido el mercado de las compras a base del crédito, y han buscado en las exportaciones el consolidar su economía, con lo que se ha ayudado a que el producto interno y la renta de cada ciudadano, sea aceptable y le pueda la fortaleza financiera y que le apoye en dar salida a su problemática financiera (si es que se le llegara a presentar), salvando con ello, sus ingresos y sus propiedades.

El Yen desde ya hace muchos años, no ha dejado de sufrir grandes presiones a fin de que aprecie (la presión mayor viene de parte de los Estados Unidos) su moneda, pero debido a que el gobierno y sus ciudadanos ahorran en demasía, ello les ayuda a soportar las presiones de apreciación en el Yen con lo que evita situaciones deflacionarias (que se han visto presentes en la Unión Americana) y por tanto, su producción de bienes y servicios no se ve limitado y su economía sigue generando riqueza.

El problema que no se debe dejar en el olvido, y tomando en cuenta que desde hace ya varios años, la generación de la guerra de divisas, ha hecho que la volatilidad de los tipos de cambio, lo cual se ha ido acentuando en los últimos años, y ha hecho que los inversores japoneses tengan miedo al comprar bonos, muy a pesar de que la tasa de interés sea mayor en dicha nación, que en algunos mercados internacionales.

CAPÍTULO VIII

El Oro Un Medio De Ahorro

1. ANÁLISIS DE LA SITUACIÓN DEL METAL DORADO.

Para algunos economistas y para no pocos analistas financieros, al haber analizado la gráfica que presento a continuación expresarán su preocupación en cuanto a lo que pudiera generar una alta demanda de oro a futuro; por tanto, se expondrán algunos criterios respecto a lo que ha venido sucediendo en los últimos meses en materia de inversiones en el metal dorado.

¿Hasta el cielo?

El precio del oro en los últimos 8 años y medio, frente a los primeros ocho años y medio de la burbuja del Nasdaq y del mercado inmobiliario.

— Índice Nasdaq
— Índice de construcción S & P
— Oro

Años 0 1 2 3 4 5 6 7 8 9 10 11
de auge

Nota: Indexado a 100: Los precios del oro en 2001, el índice Nasdaq en 1990 y el índice de construcción S&P en 1995.

Fuente: FactSet Research Systems

Antes de asumir que la burbuja del oro ha subido a un punto que pudiera generar preocupaciones, y si recordemos la situación tecnológica de los años 90 cuyos resultaron terminaron en una gran burbuja que se comenzó a presentarse en los años 2005 -2006, referente a la vivienda, la cual fue tan grave que llevó a la Unión Americana a la crisis financiera económica a partir de finales del año 2007, la cual fue tan fuerte, que dicho país, cayó en una recesión similar a la recesión del año de 1929.

Mas sin embargo, aunque la mayoría de las personas poco conocedoras del campo de las inversiones (falta de cultura financiera), prefieren ahorrar en bienes fabricados con el metal dorado (alhajas, monedas no acuñadas) ya que sienten que como metal precioso, mas tarde que temprano guarda su valor y en una necesidad apremiante, venden dichos bienes o los empeñan, a fin de solucionar problemas financieros.

Es por ello que hay quienes se llegan a oponer y no recomiendan la inversión en dicho metal y esto lo fundamentan en: No dan ningún tipo de dividendos o rentas; es problema de mantener (requiere de sitios especiales, está expuesto a fáciles robos, guardarlo en cajas de seguridad en los bancos, tiene un costo); el valor de la onza oro en el mercado de metales sufre bastantes oscilaciones, esto conlleva a que se piense en que no es una buena inversión a largo plazo.

2. PROBLEMAS QUE AFECTAN LAS INVERSIONES EN ORO.

Cuando los reportes financieros relacionados con las subidas y bajadas del precio de la onza oro, nos da la impresión de que su valor ha ido subiendo y subiendo en los últimos años, mas en realidad no se debe ver como tal, ya que un factor que no se debe pasar por alto es la INFLACIÓN, nos da la mejor respuesta, ya que si vemos el valor del oro hace unos 10 o 15 años, su valor en el mercado internacional, andaba muy por bajo de lo que en actualidad se cotiza.

Es preferible pensar en otro tipo de inversiones, procurando evitar que sean de altos riesgos, y, den a los inversionistas las utilidades razonables que mantengan el poder adquisitivo del dinero y además reponga la baja del mismo derivado de la inflación.

Por otro lado hay quienes sugieren invertir en oro y su recomendación la fundamentan en:

a. Históricamente el oro ha sido siempre un ganador por siempre siendo generador de riqueza. Es una de las formas más antiguas de intercambio financiero, las civilizaciones diversas se han consolidado mediante el uso del oro, y en la actualidad dicen no será extraño pensar en una inversión segura, como sería el oro;

b. Afirman que el oro puede en su momento ser el destructor de la inflación. No será sorpresa que el precio del oro sube cuando los inversores temen a una inflación. Hay que tomar en cuenta que en muchas ocasiones los bancos centrales del mundo cuando menos lo esperan inflan la economía inyectando dinero a la misma. Esto genera demanda de bienes y servicios y en consecuencia se genera una burbuja inflacionaria y luego tienen que subir las tasas de interés buscando regular las inversiones y por tanto, limitar la demanda. Ante tal situación dicen los partidarios del oro, que no hay mejor manera de superar esa subida inflacionaria, que invirtiendo en oro.

Una de las ventajas de invertir en oro es la liquidez de dichas inversiones. Bajo esta premisa las personas nunca tendrán problemas a la hora de vender o comprar oro, lo cual es una ventaja frente a otro tipo de inversiones.

En una entrevista que le hizo el diario The Wall Street Journal al señor Thomas Kaplan, "He llegado a un punto en el que creo que el único activo en el que tengo confianza es el oro"

Kaplan, que ha forjado su fortuna en firmas de exploración de plata y gas natural, empresas fundadas por él, cree que el oro es una apuesta ganadora si o si: "Si el mundo va bien, el oro irá bien. Si el mundo no va bien, el oro seguirá bien pero muchas otras cosas podrían colapsar". Y él dice: si yo tengo la razón, mi paciencia será recompensada.

A través de su Firma Tigris Financial Group. Y de varias divisiones, Kaplan ha adquirido gran cantidad de y ha comprado propiedades en 17 países en varios continentes, donde los geólogos siguen buscando más oro. Filiales de Tigris han adquirido participaciones en compañías mineras, incluyendo pequeñas firmas que aún no han producido ni una sola onza del metal precioso.

En el Simposio Internacional del Oro celebrado en Lima, Perú, se mostraba la felicidad de los participantes debido al gusto que les dio saber como el metal precioso seguía subiendo su valor en los mercados internacionales. Se atrevieron a decir: si no quieren verse arrastrados por las turbulencias financieras de Estados Unidos y Europa, deberán hacerse inversiones en oro.

No era para menos el conocer las buenas noticias que se daban en dicho evento, a mas de que las predicciones hacia un futuro cercano no estaban lejos y pronto dicho metal alcanzaría precios jamás vistos en los últimos años.

El señor Peter Kinver, vicepresidente ejecutivo y director de Barrick Gold Co. al ser entrevistado, no quiso dar cifras y solo se concretó a hablar de los buenos resultados que estarían por venir en un futuro.

"El 2010 y 2011 será positivo para el oro. El oro tiene un buen sostén entre 900 y 1.000 dólares por onza con potencial de subir. Habrá un retorno sostenible para quienes inviertan en minería", indicó Nicholas Holland, director ejecutivo de Gold Fields.

"No puedo hacer una predicción del precio, pero se vislumbra que el precio del oro subirá en lugar de bajar", estimó.

3. EL ORO COMO UN MEDIO DE INVERSIÓN.

"El oro como inversión representa menos del 1% de los fondos globales totales, que superan los 7.000 billones de dólares. Estamos en el principio (…) de lo que puede ser una curva de crecimiento más grande", aseveró Holland.

El alza en el precio del oro ha sido sorprendente y de manera galopante, se ha desatado un boom en los últimos años. Si las personas hace 10 años hubieran decidido invertir en oro, a esta fecha hubieran tenido un retorno de casi un 400%. Dicho porcentaje si se compara con los rendimientos tenidos en los mercados financieros, no tiene comparación alguna. Sin embargo, como todo, es difícil que las personas dedicadas a invertir en capitales que den pronto rendimiento, no fácilmente podrían decidir hacer inversiones en el metal precioso.

Como en todo, el tomar decisiones respecto a que invertir no es fácil menos aún si se decidiera a invertir en oro; su futuro a pesar de que el precio de la onza hace 10 años era de $250.00 dólares y vemos que en meses pasados llegó estar en 2000, aún así se requerirá de parte de los inversores el que puedan tener a la mano la información estadística suficiente que les ayude a tomar la mejor decisión en cuanto a invertir en capitales o en invertir en oro.

Se ha llegado a hablar de que pudiera presentarse una burbuja en inversiones en oro, pero de ninguna manera podría compararse con lo sucedido con la burbuja tecnológica o la burbuja hipotecaria (las famosas hipotecas basura); pero todo es cuestión de conocer las ventajas y desventajas que se puedan tener en uno u otro tipo de inversión.

El comportamiento de los precios del oro a través de la historia, de ninguna manera se puede comparar con lo que ha sucedido en los mercados financieros; no se puede olvidar que los instrumentos financieros tuvieron demasiada demanda en los años 2006, 2007, pero a donde nos llevaron el realizar inversiones en títulos basura, a generar una crisis financiera mundial; todo en parte a que los bancos centrales del mundo inundaron los mercados con liquidez, eso debió haber llevado a la devaluación de las monedas (en algunos países si se dio eso, pero en la Eurozona no se puede hablar de devaluaciones debido a que se tiene una sola moneda, el euro). El oro no es moneda que puedan imprimir los bancos centrales, la producción va en función de la demanda del mercado o en su defecto puede almacenarse y no pasa nada.

Así como existen partidarios respecto a que haya inversiones en oro, no deja de haber quienes se oponen a dichas inversiones, esto lo fundamental en que dicen que el comprar oro presentará problemas como:

- No de ningún dividendo o rentas.

- Es problemático de mantener, requiere de sitios especiales a fin de evitar el que sea robado (cajas fuertes, cajas de seguridad de los bancos).

- Las materias primas entre las que se encuentra el oro, tienen demasiadas oscilaciones que no llegan a ser buenas inversiones a largo plazo

  A pesar de lo que se comenta en contra respecto a realizar inversiones en oro, nos dicen que existen algunas maneras de llevar a cabo inversiones en oro:

- En monedas de oro, ya que su valor en el mercado estará supeditado a la cantidad de oro en su contenido. Tienen la ventaja de que representan una forma estándar de oro físico y por ello son aceptadas en cualquier parte del mundo y su compra-venta resulta mas fácil que si se tuviera inversión en lingotes.

- Certificados de Depósito. El comprador de este tipo de documentos sobre el oro es en realidad dueño de oro físico aunque lo que tenga en su poder sea papel. Lo anterior abarata los costos de transporte y reduce los riesgos por robo. El oro puede estar deposito en algún banco del mundo. La compra de este tipo de certificados puede hacerse a través de bancos de inversión. Desde luego tiene sus costos, como comisiones anuales, de custodia, entre otros.

- Futuros sobre el oro. La ventaja es que el diferencial entre la compra y la venta es mínimo. El precio de compra es el precio al que podemos comprar el oro en el mercado y el precio de venta es el precio al que se podrá vender el oro en el mercado en el momento de llevar a cabo la venta. Para comprar este tipo de instrumentos es necesario tener una información y educación suficiente y a tiempo, a fin de es importante conocer fechas de vencimiento, y oportunidades de venta en su momento.

4. RESERVAS EN ORO.

Derivado de los distintos problemas que las economías de muchos países han tenido que afrontar en materia de soporte ante situaciones inflacionarias y de reconversión de las economías, habrá que hacer algunas consideraciones:

Bruce Zoellick en estudios realizados en cuestión de divisas ha expresado que si se llegara adoptar el oro como un patrón monetario (no se debe olvidar que esto fue sustituido en Breton Woods) puede ayudar al problema de la guerra de divisas que ya hace algunos años se ha desatado en el mundo financiero económico y en consecuencia el dólar, el euro, el yen, la libra esterlina y el yuan, podrán verse favorecidas en su valor, lo cual en su momento podrá sustentado en los Derechos

Especiales de Giro (SDR), lo que con el plan de recuperación que el mismo Zoellick propone, cooperaría a la recuperación y crecimiento del sistema monetario, buscando hacerlo cada vez más cooperativo, lo cual pondría al oro como un punto de referencia internacional de las expectativas del mercado, sobre inflación, deflación y el futuro de los valores de las divisas.

Claro que llevar a cabo el plan que propone Zoellick no será fácil llevarlo a la práctica, sobre todo si se consideran las reticencias de los monetarias, quienes en su momento fueron encabezados por Fred Bergsten, éstos proponen mejor la creación de un sistema múltiple de reservas, donde desde luego deberá incluirse al dólar.

Pero sea cual sea a la conclusión que puedan llegar a tener los pros y contras del uso del oro, tanto como reserva y fortaleza de las monedas, o bien como un producto que los inversores en su momento puedan utilizar como un medio seguro de su dinero, ante la volatilidad de los mercados financieros, el oro seguirá siendo un elemento codiciado y su valor podrá estar en constantes movimientos (más a la alza) y quienes le apuesten a la compra de dicho metal, deberán tener los conocimientos suficientes de sus movimientos, a fin de no sufrir quebrantos, de los cuales en su momento puedan arrepentirse.

5. EL ORO Y LA GUERRA DE LAS DIVISAS.

Debido a la posible mejora de la economía en los Estados que se previó en dicha nación, su déficit comercial se acrecentaría y conjuntamente la presión sobre China se hizo más fuerte, lo que hizo también que aumentara las inversiones en metales. En ese contexto se estuvo hablando de que en el año 2011 el precio del oro subiría a 1800 dólares por onza, lo cual hizo que la guerra de divisas se desenvolviera con mayor fuerza, saliendo perjudicados muchos países por las diversas operaciones cambiarias que constantemente están realizando dentro de una economía global.

CAPÍTULO IX

El Dólar Moneda Utilizada Como Reserva De Divisas

1. CONFERENCIA DE BRETTON WOODS.

Una vez terminada la Segunda Guerra mundial y buscando armonizar el intercambio comercial, establecieron los diversos gobiernos la necesidad de del uso de una moneda que fuera confiable y aceptada en todo el mundo, por tanto se reunieron en Bretton Woods a fin de facilitar el intercambio internacional, llegándose al acuerdo que en ese momento el dólar era la moneda más sólida que daría los elementos suficientes para llevar a cabo todas las actividades comerciales.

Igualmente, y debido a que los Estados Unidos habían sido la nación que en sociedad con Inglaterra, Francia y Rusia, ayudaron a terminar la conflagración mundial, por lo que al aceptar al dólar como divisa fuerte, esa nación se consolidó como una verdadera potencia mundial.

Mas sin embargo, se vio que al presentarse una crisis financiera internacional al final de año 2007 y consolidada en el 2008, hizo que cambiaran las circunstancias y las reglas de juego de la economía mundial, generó que al dólar se le dejara de considerar como moneda fuerte y por tanto, moneda de referencia mundial, el Fondo Monetario Internacional planteó en un informe la posibilidad de hacer un cambio de divisa, y, propuso en su momento una moneda que denominó "BANCOR", con lo que se pretendía establecer condiciones reales en el comercio internacional.

Sin embargo, diversos analistas y expertos en economía, ante tal noticia se mostraron escépticos ante la esa idea presentada por FMI por considerar que de ninguna manera se podía considerar que el dólar a pesar de todos los problemas fuera tener los días contados, como una divisa fuerte y facilitadora de los intercambios comerciales. Es mas, el director de servicio de estudios de IEE, Gregorio Izquierdo, aseguró que de ninguna manera el dólar pueda perder su protagonismo ni en plazo medio, ya que su preponderancia sigue siendo fuerte. Por consiguiente, la idea propuesta por el FMI, no deja de ser más que una buena intención, aunque no se debe dejar en el olvido, que debido a la problemática financiera y económica, no dejará de tener el dólar, grandes oscilaciones en los mercados, lo cual en su momento los bancos centrales en los distintos países, habrán de estar monitoreando los movimientos del dólar y lo que les obligará a establecer las políticas financieras, que habrán de ayudar a superar las contingencias de los vaivenes en la cotización del dólar en el mundo.

El hecho de que el FMI haya hecho la propuesta de cambio del uso del dólar por la moneda denominada "Bancor", no deja de llamar la atención, ya que dicha moneda fue propuesta en su momento por Keynes, lo cual de acuerdo al peso que tenga en el mundo cada uno de los países en materia del uso de la divisa americana en el desarrollo de la actividad comercial, sería en su momento lo que pudiera influir en cambiar o no, el uso y aceptación del dólar en el mundo.

Ante estas preocupaciones en el campo de los intercambios comerciales, apareció el uso de los "Derechos Especiales de Giro" (DEG), instrumentos financieros que fueron creados a partir de una canasta de divisas en la que el dólar tiene una ponderación del 44%, el euro de 34%, el yen de 11% y la libra esterlina también de un 11%, donde dichos porcentajes se actualizarían cada cuatro años, dependiendo de los cambios derivados de como se vayan presentando las situaciones en las economías y las finanzas internacionales.

A pesar de las preocupaciones de los gobiernos en materia de divisas, de que es lo que pudiese suceder, ello no dependerá de lo que los bancos centrales en el mundo digan, sino que es el sector privado el que en un momento dado, es quien decide que moneda le conviene más para llevar a cabo sus actividades comerciales, y hasta la fecha sigue siendo el dólar, la divisa elegida, puesto con todo sus vaivenes, sigue siendo una moneda fuerte y estable.

Los expertos siguen expresando que el dólar todavía seguirá siendo elegida como una divisa fuerte internacionalmente, debido a su estabilidad como moneda de reserva (y sino recordemos lo que pasó en

Irak, cuando Sadam Jusein decidió guardar sus ganancias del petróleo en euros), generó uno de los factores decisorios para que el gobierno de George Busch, presidente de los EEUU, invadiera dicha nación, argumentando en su momento, el que se conocía de la existencia de armas masivas de destrucción, y a la fecha sabemos cual fue la triste realidad.

El dólar ha sido tan fuerte a través de los años, que podemos ver que casi todos los países en el mundo, sus reservas internacionales guardadas en sus bancos centrales, están en dólares, veamos una estadística al respecto.

Conocimos los problemas financieros, económicos y la debilidad de la economía inglesa, fue lo que hizo tambalear a la libra esterlina, dejando paso libre el dólar, moneda que a pesar de la crisis financiera en el mundo, en la eurozona (la fortaleza del euro no ha podido tumbar al dólar), no se ve a corto plazo que moneda pueda hacer a un lado la fortaleza y uso del dólar.

2. EL BANCO MUNDIAL ANUNCIA EL FIN DEL PATRÓN DÓLAR.

En uno de los informes emitidos por el Banco Mundial, dio a conocer que un nuevo orden económico está surgiendo, en donde los países industrializados están perdiendo peso en pro de los emergentes, lo cual va a generar cambios en un mundo multipolar. Lo anterior tiene que ver con la Conclusión: ¿Será el fin del patrón dólar?

En ese momento los directivos del Banco mundial creo que afirmaron algo que será difícil de creer, que aunque los países industrializados están perdiendo peso, no quiere decir que los países emergentes tengan en este año 2012 la capacidad suficiente para suplir lo que dejasen de elaborar los países económicamente fuertes, por el contrario, no será fácil, puesto que ello conllevaría a realizar cambios muy importantes y a menudo de una forma muy particular en cada uno de dichos países.

No es fácil afirmar que el **Fin del patrón dólar,** llegue en poco tiempo a su final, por lo que se vislumbran algunos escenarios, tales como: **tener un patrón divisa como el actual, patrón similar o un patrón multidivisa,** que es en realidad por el que se han inclinado y el cual se cree que podrá pensarse en él, allá por el año 2025. Lo cual querría decir que en 15 años se podrá vislumbrar el fin del dólar estándar.

No se debe perder de vista que la mayoría de los países en el mundo tienen todas sus reservas de divisas en dólares, sobre todas las que se originan en las exportaciones que realizan, y el país beneficiado seguirá siendo EEUU, ya que cada vez que el dólar se devalúa, aparenta dicho país estar muerto, pero la realidad es que se aprovecha de ello y entre más billetes verdes haya en el mundo, puede generar inflación, lo que en la acepción más clásica, lleva a los países que tienen de referencia al dólar, padecerán de una devaluación.

Hoy por hoy se puede afirmar que el 85% de las transacciones en el mundo se realizan en dólares, la mayoría de las deudas de los países están en dólares, de ahí que la preponderancia siga siendo tan clara, y es el miedo lo que hace que los ciudadanos de dichos países siguen comprando y ahorrando en dólares.

El informe del propio banco hace referencia a todo lo que acontece con el miedo al riesgo a perder la capacidad de compra y seguridad en las reservas de divisas, y se asegura que es por algo que el mundo se sigue frenando y sino veamos lo que ha venido pasando con China, es la nación de la que se ha hablado largo y tendido, está EEUU en donde hasta el momento se han batido las expectativas de beneficios pero en donde la tendencia puede cambiar muy pronto, y está Europa en donde ya se está hablando abiertamente de reestructuración en Grecia (próxima parada

Irlanda). **En la segunda mitad del año podríamos ver un compendio de estos factores que reduzcan la euforia actual** por una recuperación nada vigorosa. Eso es abono de billete verde.

Y hablando de miedos en cuanto al manejo del dólar, el equipo del LEAP/E2020, habla del miedo ampliamente alimentado por la City de Londres y Wall Street de un estallido de la Eurozona con ocasión de la crisis de la deuda griega se reveló infundado.

El centro de investigación europeo en sus constantes estudios que lleva a cabo en diferentes temas, tales como la Globalización, la Crisis Financiera Mundial y ahora en lo concerniente al problema de las monedas íntimamente relacionadas como lo son el dólar y el euro, hizo las siguientes reflexiones.

Ha llegado a la conclusión que a partir del año 2012 y en los próximos cinco años la evolución de la Zona Euro conducirán a los europeos a influir profundamente en el reequilibrio geopolítico mundial mientras se interna una fase radicalmente nueva de la integración europea que se abre en los meses venideros. Por otra parte dicho centro de investigación se anticipa en cuanto a que la evolución del dólar como una divisa dominante en las diversas transacciones comerciales en el mundo. Siguió expresando que en los años 2012-2013 se presentarán grandes cambios en el ámbito del comercio global que determinarán en la actividad mercantil globalizada y que repercutirá en las divisas. En este documento GEAB 62, hace recomendaciones en cuanto al manejo de las divisas, al oro y al problema de Grecia, a la situación de Rusia, donde se esperan cambios, después de las elecciones, donde el Primer Ministro Pútin, se da por hacho su regreso a la presidencia en dicha nación, y no se diga al problema que a la fecha sigue enfrentando la Unión Americana y los altibajos constantes en los mercados bursátiles. Como se podrá observar, que por más que se quiera vislumbrar un horizonte feliz en este año 2012, siguen presentándose grandes nubarrones en las economías de todos los países, grandes o pequeños, ricos o pobres, desarrollados o emergentes, lo cual nos debe obligar a seguir estudiando la problemática financiera y económica en el mundo globalizado, si queremos mejorar el ambiente social y político.

En el documento en comento, se expone el contexto de la crisis global, para los europeos son dos las tendencias estratégicas que signarán los próximos cinco años: por una parte la consolidación de la Eurozona la que va a ser considerada como el nuevo poder global por derecho propio; y por la otra, el imperativo absoluto para las élites europeas de levantar la hipoteca democrática que ya gravita intensamente sobre el proceso de la integración europea.

Los investigadores del centro, analizaron que a partir de la segunda mitad del 2012, las condiciones serán óptimas para la Eurozona y ésta pueda comprometerse en las siguientes tendencias. Los desafíos económicos financieros, estratégicos y políticos siguen siendo numerosos para los europeos; pero, al entrar la crisis sistémica global a su fase de recomposición de los equilibrios geopolíticos mundiales, la Eurozona, se constituirá un nuevo soberano capaz de influir positivamente sobre los procesos en curso. Esta capacidad quedará, desde luego, condicionada a la legitimación democrática del conjunto del gobierno de la Eurozona.

Del 2012-2016, explican que tres serán las importantes secuencias que caracterizarán su consolidación como un soberano por derecho propio y el levantamiento de la hipoteca democrática.

3. EL DÓLAR FRENTE AL YUAN.

Hasta el año 2011, la mayoría de los indicadores han señalado que el dólar está sobrevaluado frente al Yuan, pero hay quienes muestran que esta moneda es demasiada barata frente al euro, el cual ha tenido fluctuaciones entre 1.40 por euro, en los últimos meses del pasado año.

El Índice del Dólar de Intercontinental Exchange, cuya actividad es medir el comportamiento de esta moneda contra una canasta de seis de las principales divisas del mundo donde predomina el euro, ha detectado variantes tales como: 75,48 un mínimo en los últimos 14 meses y no muy distante de su mínimo histórico de 71,33 en abril del 2008.

El índice se precipitó un 15%, en un lapso donde el Promedio Industrial Dow Jones ha ganado 53%, el oro ha subido más del 14,5% y el índice de Mercados Emergentes de Bank of New York se disparó 89%.

Un dólar devaluado, para empezar, afectará siempre a las reservas del mundo, las cuales están ligadas al dólar. En este sentido, uno de los países más afectados será China, quien tiene un monto de reservas por total de un billón de dólares, país que ha manifestado su interés de que sea empleada otra divisa como valor de intercambio.

Así mismo China ha comunicado su deseo de gozar de privilegios de Estados Unidos que, le permitan obtener recursos, imprimiendo papel que vendería en forma de bonos de deuda a gobiernos e inversionistas institucionales, a fin de consolidar su actividad económica y financiera.

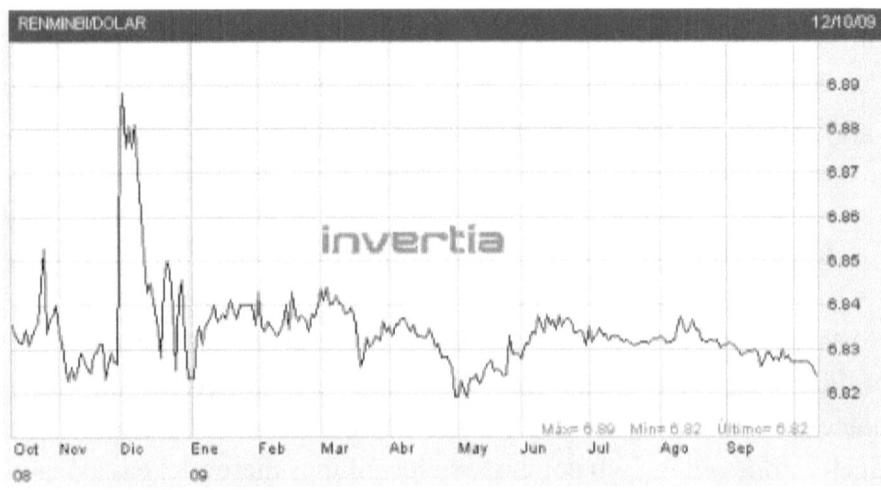

En la gráfica que antecede se puede ver las fluctuaciones del Yuan, frente al dólar.

4. EL DÓLAR SOBREVIVE FUERTE Y SANO AL RECORTE DE RATING DE EE UU.

Después de toda la serie de discusiones entre el Congreso de los Estados Unidos y el gobierno del Presidente Obama, se llegó a la conclusión de que la Deuda de ese país ya no tenía matrícula de honor. Pero los inversionistas en renta fija, o en divisas ya no le dan la importancia debida. El dólar se ha mantenido más o menos fuerte frente al euro, desde principios del año 2012.

Se sigue considerando al dólar como un refugio, las ventas en renta fija seguirán incrementándose. Sin embargo a pesar de la rebaja que se hijo por agencias calificadoras de la deuda americana, las ventas masivas de dólares no han sido tan desmesuradas como se esperaba. El dólar sigue siendo moneda fuerte, ni siquiera los problemas más allá del Atlántico lo pusieron en dificultades, y los analistas aseveraron que los Estados Unidos no están en peligro, aún cuando los problemas de la zona euro pudiera en un momento dado, generar deterioro en su economía, y ni siquiera el rendimiento de los bonos denominados Treasury a 10 años, el valor más representativo, fue el que sufrió una baja hasta 2.53%

Toda esa serie de movimientos, son los que mostraron por un lado como influyó la calificación de la deuda americana, y a su vez como se generó la desconfianza en los mercados financieros locales e internacionales, lo cual fueron malos para los inversionistas.

5. EL DÓLAR FRENTE AL YEN.

Entre los elementos que más han afectado las fluctuaciones del dólar frente a otras divisas, son el desempleo, el que en EEUU ha descendido y la baja en el poder adquisitivo del euro, ha estado favoreciendo a la divisa norteamericana. En relación a la moneda japonesa se ha devaluado el dólar de 81.107 yenes a 81.145 yenes al finalizar el mes de febrero del 2012.

Lo anterior nos da una idea de cómo el dólar no ha dejado de ser golpeado por monedas como el Yen, el Yuan, monedas éstas que aunque en momentos se ven a la baja, las economías de Japón y China, en el entorno mundial, siguen siendo grandes potencias y la demanda de sus productos en el entorno mundial, no han dejado de ser solicitados.

Al día 2 de Marzo de 2012, las cotizaciones mostradas del dólar frente a otras monedas, fue como sigue:

EURO/DÓLAR 1,3312 1,3324
DÓLAR/YEN 81,107 81,145
DÓLAR/LIBRA EST. 0,6267 0,6282
DÓLAR/FRANCO SUIZO 0,9060 0,9044
DÓLAR/DÓLAR CANAD. 0,9857 0,9898.

Los tipos de cambio del Yuan y el Yen siguen siendo bajos; los productos exportados desde China o Japón, siguen siendo baratos para el mercado americano, a pesar de las barreras arancelarias impuestas por el gobierno estadounidense. El Yuan mantiene la misma paridad desde hace mas de diez años. Si se elevara los productos hechos en los EEUU, éstos se verían beneficiados. Pero los bancos americanos y el mismo tesoro pueden sufrir graves perjuicios. China ha seguido financiando gran parte del déficit de los EEUU comprando títulos de deuda americana. Chinos, Japoneses, indios, filipinos, indonesios ha comprado siempre un gran volumen de bonos americanos.

A esta fecha (02-03-2012), el Yen se ha recuperado de un mínimo de 9 meses frente al dólar, debido a que los inversionistas decidieron que el avance de cerca del 6% del dólar frente a la moneda nipona este mes fue mucho y muy rápido. Se espera de acuerdo a diversos analistas, que el Yen pueda recuperarse aún más hasta una paridad de 82 yenes por dólar.

CAPITULO X

Males Que Están Afectando La Economía En El Mundo

Desde ya hace varios años la economía en el mundo se ha visto afectada por diferentes problemas que de un modo u otro han estado debilitando el bienestar de las naciones y de los ciudadanos.

Entre dichos males enunciamos: El déficit fiscal tanto en los país desarrollados, como en aquellos países emergentes, así como los precios del petróleo, el precio de los alimentos, las guerras en el medio oriente y en pasado año 2011, el terremoto habido en Japón.

El déficit fiscal es un problema que han venido sufriendo muchos países (sobre todo en países de la Comunidad Económica Europea), como consecuencia de la crisis financiera económica que se inició desde el año de 2007, y que, a la fecha no ha podido ser superada. Así vimos países sólidos en su economía, como Islandia, Portugal, España, Grecia y la misma Italia, se han visto superadas debido al mal manejo presupuestario de sus egresos, a tal grado, que el Banco Central Europeo ha tenido que apoyarles con financiamientos bajo la promesa de los gobiernos de los mencionados países, de hacer una reestructuración fiscal, lo cual los ha llevado a afrontar problemas sociales, tales como protestas, desempleo y caída en el poder adquisitivo de sus monedas.

A principio de este 2011 todo mundo esperaba que la recuperación económica apareciera en beneficio de las economías, más sin embargo esto no se ha podido dar, por el contrario, como digo al principio de estos comentarios, son varios problemas los que han tenido que seguirse padeciendo y que ahora comentaré, aunque sea brevemente, tratando de expresar puntos de vista, que nos permitan fijar puntos de vista y en su momento puedan darnos luz, de cómo irnos preparando para problemas mayores que están en el aire y que de un momento a otro van a repercutir en las finanzas de las empresas y de las familias.

El problema fiscal. Los principales bancos centrales del mundo inundaron al mundo de liquidez a fin de paliar los efectos de la recesión; pero por desgracia en lugar de solucionar tal situación, hubo que afrontar una guerra de divisas y crisis de deuda en los distintos países,

Los países que mas se han visto afectados, son EEUU y Japón, ya que han tenido que afrontar amplios déficits presupuestarios, a tal grado que las agencias calificadoras, se han visto en la necesidad de reducirles su calificación a sus deudas, y por consiguiente, sus bancos centrales han estado pensando muy fuertemente en la reducción de sus gastos, y desde luego se verán presionados en su deuda pública, si no quieren verse sumamente afectados en un tiempo corto, con lo cual se verán precisados en autorizar una alza en las tasas de interés, lo cual vendrá a complicar aún mas su crecimiento económico.

Las guerras que han estado afrontando países de oriente medio, así como al norte de África, han puesto a la luz pública una serie de situaciones violentas, a grado tal, que han presionado a muchos de los gobernantes de esos países afrontar a grupos rebeldes que apoyados por las economías desarrolladas, les han facilitado el que dichos gobernantes han renunciado y generan cambios en las economías de dichos países, que por desgracia en dichos países ha aparecido el problema del petróleo y esto ha llevado a los países productores de estos combustibles a la elevación de los precios en el barril de petróleo, lo cual ha hecho que en muchos países los precios de los combustibles se han elevado y afectado la mejora económica esperada para este año 2011, lo cual hace tambalear exportaciones y encarece el precio de los alimentos.

Por desgracia, la tercera economía mundial, se vio sorprendida por un terremoto de 9 grados, luego un gran sunami y consecuencia de ambos meteoros, el problema de una de sus plantas nucleares, lo cual generó no solo pérdidas de vidas humanas, sino desaparición de muchos pueblos y ciudades en dicha nación, lo cual requerirá en un tiempo corto, un desembolso mayor a los 400 mil millones de dólares, lo cual entre otras cosas, va a retrasar el crecimiento de su Producto Interno Bruto a menos del 1% para este año; trayendo como consecuencias: por un lado el abatimiento de la moral de sus ciudadanos, la pérdida en la productiva en la industria electrónica, generando en cadena el paro en plantas automotrices en el mundo, la suspensión temporal de la producción de algunas plantas automotrices en el mundo, el desempleo temporal y así todo un encadenamiento de problemas y sufrir para muchos ciudadanos en el mundo.

Al leer diferentes noticias relacionadas con la economía, como los problemas que groso modo hemos enunciado en este artículo, nos lleva a pensar en lo que muchos agoreros y sus predicciones las relacionan con lo anunciado en el Apocalipsis del apóstol San Juan, y que además nos debiera servir de reflexión a fin de que vayamos aprendiendo mejor, a manejar nuestras finanzas, y nos preparemos para visualizar mejor las consecuencias que en tiempos cortos nos pueda traer y afectar a nuestras economías personales.

A más de lo antes descrito es importante resaltar dentro de los males derivados de la globalización, los siguientes aspectos que consideré relevante analizar y expresar un punto de vista sobre ellos.

1. LA GLOBALIZACIÓN LA IDENTIDAD CULTURAL Y CRISIS.

La globalización de la economía, de las comunicaciones y las tecnologías no es un tema exclusivo de la globalización en sí, sino que todos estos asuntos penetran en lo social y en lo cultural en un sentido general, ejerciendo una significativa influencia en la cultura de los pueblos, transformando las relaciones más cotidianas de los seres humanos en forma radical.

La globalización como un factor de integración internacional ha producido toda una serie de consecuencias de carácter, económico, político, cultural y medio ambiental. Por desgracia muchas de estas consecuencias han resultado negativas; esto debido a que las gentes en todo el mundo se han visto vinculadas de una manera más profunda, más intensa y más inmediata que nunca.

La globalización abrió muchas oportunidades, tanto para bien como para mal, teniendo tanto un lado positivo, como otro negativo, pero muy a pesar de esto, el mundo científico y cultural, han recibidos muchos beneficios económicos en muchas áreas.

Más sin embargo, muchas personas en el mundo y aún cuando muchas de ellas se han visto beneficiadas con la globalización, hay muchas personas que siguen desconfiando, pues creen que los resultados negativos han más que los positivos, sobre todo en el campo de los mercados, y también se ve como el planeta tierra se ha visto afectado, por la cantidad de bienes basura, desperdicios de la tecnología.

2. GLOBALIZACIÓN, DESCULTURALIZACIÓN Y CRISIS DE IDENTIDAD.

Es importante hacer mención cinco grandes tendencias derivadas de la globalización, las que con el tiempo pueden trastornar la geo cultura del planeta.

La primera tendencia se refiere a la relación entre la cultura y la economía que nos anunció la naturaleza que tendrán los nuevos valores que dominarán la próxima fase del desarrollo del capitalismo y del consumismo.

La segunda, concierne a la nueva relación que parece establecerse entre la cultura y la geo política. Muchas personas ya no dudan de hablar de guerra de culturas como un factor determinante en las relaciones internacionales.

La cuarta tendencia atañe a la relación entre las culturas; no solo parece mantenerse la clásica separación entre culturas dominantes y dominadas, culturas productoras de sentido y fustrantes, agresivas y estériles, creativas y pasivas, sino que se le añadirán nuevos fenómenos de destrucción y de esclerosis, más extendidos en las sociedades marginadas.

La quinta y última tendencia se refiere a la relación entre cultura y sociedad; la integración progresiva de una amplia franja de élites mundiales a una misma cultura global, dominada por la problemática y los valores de las sociedades más avanzadas y, que ha producido el desmembramiento de muchas culturas nacionales, y deja un total vacío de sentido a sectores enteros de sociedades humanas.

3. ECONOMÍA Y CULTURA: HACIA UN MERCANTILISMO CULTURAL DE ALCANCE MUNDIAL.

La contradicción entre la lógica mercantil de las sociedades multinacionales y la lógica cultural de los creadores surgió en 1993 a raíz de las negociaciones del Acuerdo General sobre Aranceles y Comercio (GATT) en Uruguay.

Dicho debate enfrentó a los intelectuales y a gestores de la economía de mercado mundializada, más aun en el poder americano. En una defensa de la autonomía de la cultura respecto a lo económico, a ese respecto Octavio Paz escribió que la excepción cultural significaba el rechazo del poder absoluto del mercado, y del consiguiente sacrificio de nuestra conciencia y de nuestro humanismo.

En aquel momento Europa, con Francia a la cabeza, trató de imponer el principio de excepción cultural para defender su lugar en el mercado. Pero el éxito de los negociadores europeos solo fue parcial. Consiguieron el principio de un "tratamiento especial y limitado" solo en el Terreno de la producción audiovisual.

La sujeción de la cultura a la lógica economicista no atañe solo al reparto del mercado cultural. También influye directamente en la evolución de la sustancia misma de las culturas. La generalización y la popularización a escala mundial de los valores de la sociedad de consumo, iniciada hace ya varios decenios, han provocado un verdadero cambio de mentalidades, de costumbres y de ética, tanto en las élites sociales como en las clases más desfavorecidas.

4. CULTURA Y HEGEMONÍA INTERNACIONAL: EL CONTROL DE LA INDUSTRIA ES LA CLAVE DEL ÉXITO DE LA DOMINACIÓN MUNDIAL.

El sector de la industria cultural, es decir, de la información y de las comunicaciones, es en la actualidad el primer sector donde opera la dinámica de diferencias entre los grupos de naciones y donde se afirman nuevas formas de dominio. Es en esta área donde la concentración del capital y de las inversiones es la más importantes respecto a los otros sectores.

Así, la infraestructura del mundo actual se coloca en manos de unas doscientas grandes multinacionales, lideradas por cinco gigantes como son: Time Warner, Turnes, Disney ABC y Westinghouse CBS. Son las mismas empresas que actúan para obtener rápida liberalización de los intercambios en el ámbito de las comunicaciones y de la difusión.

Casi todas estas empresas pertenecen a las tres grandes potencias económicas: los Estados Unidos, Europa y Japón, aunque a la fecha podríamos estar hablando de China, India, Rusia, Brasil y Sudáfrica. En contra de la ilusión creada por el neoliberalismo en boga, estas empresas no actúan solas ni en el vacío estratégico y político. Están apoyadas política y financieramente por los grupos de naciones mencionados, aunque sea de manera indirecta.

5. GLOBALIZACIÓN NEOLIBERAL Y SU REPERCUSIÓN EN LAS FAMILIAS DE LOS TRABAJADORES.

La medicina llamada occidental, hegemónica en nuestro mundo actual, tiene una visión y una práctica fundamentalmente clínico curativa de base biologista, individualista, fragmentada y limitada. Se centra en la enfermedad y posterga su accionar sobre la salud integral, siendo importante para ello la aplicación de tecnologías de avanzada y sofisticadas en el diagnostico y tratamiento de las enfermedades, olvidando la prevención y la promoción de salud, ya que para ellos la medicina se convierte en un negocio, una fuente de adquisición de recursos monetarios; de ahí la propuesta en la globalización de la privatización de estos servicios.

Por otra parte, la industria farmacéutica, con su mentalidad mercantilista, afecta a los países del Tercer Mundo con la presencia en los mercados de productos farmacológicos a costos elevados, en vez de promocionar la venta de los productos genéricos, que sus precios son mucho más asequibles a la población en general.

La globalización neoliberal tiene una incidencia negativa en todos los factores determinantes en las condiciones de salud, tales como presupuestos, programas de desarrollo, nutrición, situación sanitaria, programas de prevención y promoción de salud, etc.

Al analizarse de forma comparativa algunos de los indicadores de salud entre los países en vías de desarrollo y los países industrializados, se ponen en evidencia las grandes desigualdades que existen entre ambos, donde la tasa de mortalidad infantil en los países del Tercer Mundo asciende a cifras tales como 67, mientras que en los países desarrollados se encuentra en 7 por cada 1 000 nacidos vivos, por sólo poner un ejemplo.

El incremento de la pobreza provocado por este nuevo orden económico, político y social que nos quieren imponer, representa uno de los principales factores causales de la morbilidad y mortalidad global del planeta, así como el de la aparición de los agentes desencadenantes de enfermedades.

6. GLOBALIZACIÓN Y FAMILIA.

La familia es la más antigua forma de organización humana; surgió antes que la división de clases, que el Estado y que la propia Nación; por tal motivo, podemos decir que es la más antigua de las organizaciones sociales. Eso le otorga un lugar privilegiado, un valor especial dentro del sistema de relaciones sociales, y tal vez sea el único sistema donde existe la mayor fuerza para mantener sus tradiciones y su conservación; de ahí que aquellos que postulan que su tendencia actual es ir a la desaparición, es punto de discusión en los forum, congresos e intercambios científicos de los especialista en la materia.

No es menos cierto que las familias tradicionales han sufrido cambios y modificaciones producto de los procesos acelerados de transformación socioeconómicos que ha sufrido el mundo de hoy, y donde estos procesos vienen influyendo sobre la familia desde la segunda mitad del siglo pasado.

Jorge Sepúlveda, presidente de la Red Iberoamericana de Trabajo con la Familia, señaló que, independientemente de las opiniones que enfatizan que las familias están en vías de extinción por el nuevo orden y modelo de globalización, lo que en verdad esta sucediendo es que este grupo social ha cambiado en su modelo tradicional, es decir, han aparecido nuevos tipos de familias y que las mismas se encuentran en un proceso de crisis, una crisis de cambio.

En la época del postmodernismo han surgido nuevos tipos de vínculos familiares, producto de autonomía económica e intelectual de la mujer; las relaciones de la pareja se han modificado, se ha reducido la fecundidad, han incrementado las relaciones prematrimoniales, así como el índice de divorcio, provocando un predominio de hogares monoparentales.

La globalización conlleva a la perdida de fronteras, de naciones, pero, sin embargo, Sepúlveda resalta la necesidad de reflexionar sobre el multiculturalismo y su impacto en el grupo familiar, siendo necesario salvaguardar su integridad y la de los conjuntos étnicos, ya que la familia constituye un valor fundamental como célula de la sociedad y un sistema de protección para sus miembros, fundamentalmente los niños.

7. EL CAPITALISMO: MATRIZ DE LA GLOBALIZACIÓN

Todo el proceso de mundialización ha nacido con la marca de fábrica de signo capitalista. La internacional solidaria del proletariado ha sido remplazada por la internacional de los poderosos.. Como modo de producción se ha "transnacionalizado" la máxima eficacia con la consecuencia lógica de la explotación y la discriminación. Huyendo del fundamentalismo del mercado.

Nuestros países ha conquistado formas de gobiernos democráticas, aunque en muchos aspectos sean ellas más representativas y formales que participativas y reales, sin embargo, los mecanismos que rigen la economía y las finanzas son absolutamente autocráticos y verticalistas.

El poder real que las grandes corporaciones de las finanzas, de la industria y de la informática detentan es cada vez más poderoso y más peligroso ya que no está suficientemente controlado por una legislación apropiada ni por autoridades con legitimidad y competencia.

El capital transnacional está más vinculado a la especulación y a la usura que a la inversión y producción. Los volátiles circuitos financieros son más lucrativos que la producción de bienes de consumo para satisfacer las necesidades humanas fundamentales. De ahí la constatación de un crecimiento económico sin generación proporcional de empleo.

En el área económica es donde con mayor fuerza y contundencia se ha instalado la globalización. Los procesos de automatización, de informatización y robotización, más y más vinculados a una tecnología de punta, van desplazando a niveles, cada vez menos significativos, tanto al trabajo humano, como a la materia prima.

La teoría económica basada en la fe ciega en el libre mercado acentúa las, cada vez más profundas, desigualdades económicas. El mercado trata de crear empleos sólo en la medida en que permite al capital reproducirse con las máximas tasas de ganancias y en el menor costo y tiempo posible.

8. RICOS, MÁS RICOS Y POBRES, MÁS POBRES

Todo ello desemboca en el gran drama que vive nuestro mundo: la profundización de la brecha que distancia a los pobres y de los ricos, países industrializados cada vez más opulentos frente a ese ochenta por ciento que constituye la población de los países pobres.

Nada quizás más desconcertante y horrible que ese dato últimamente aportado por el P.N.U.D. (Programa de las Naciones Unidas para el Desarrollo): Nos comunica que 358 personas supermillonarias poseen una cantidad de dinero superior a casi la mitad de la población mundial. Exactamente, ese reducido número de personas acaudaladas, tiene unos activos mayores a lo que poseen el 45% de las personas y los Estados de todo el mundo.

El informe correspondiente al año 1996 de esa prestigiosa institución nos dice también que unos pocos han tenido grandes beneficios económicos a costa de muchos otros. En efecto, en la actualidad, 1.600 millones de personas están en peores condiciones económicas que hace 15 años, y 89 países están ahora en peor situación económica que hace 10 años.

Analizando el decenio de 1975 a 1985, se constata que la economía mundial creció en un 40%, sin embargo, en ese mismo lapso de tiempo, el número de pobres aumentó en el mundo en un 17%. Un 18% de los países más pobres del mundo están ahora en peor situación económica que hace 10 años ya que sus ingresos han disminuido dramáticamente.

En los últimos 30 años, la participación en el ingreso mundial del 20% más pobre de nuestro planeta se redujo de un 2,3% a un 1,4%. En contraposición a esto, el 20% más rico aumento sus ingresos de un 70% a un 85%.

Como lógico resultado de esta distribución, cada vez más inequitativa, se duplicó la relación proporcional entre los más ricos y los más pobres del mundo: hace tres décadas atrás, el 20% más rico del mundo (unos 1.200 millones de personas) tenían un ingreso 30 veces mayor que el 20% más pobre, (unos 1,200 millones de personas). En la actualidad, los primeros tienen unos ingresos 60 veces más altos que los segundos.

En América Latina y el Caribe, aunque varios países comenzaron una lenta recuperación a finales de los 80, sin embargo, en el momento actual, todavía hay en nuestra región 18 países cuyos ingresos son inferiores a los de hace 10 años.

El Banco Mundial comunica (no sin cierta ironía) que, con relación al año 1996, tiene dos noticias que informar, "una buena y otra mala". La "buena" es que se ha dado un crecimiento económico en A.L., aunque éste sea considerado como totalmente insuficiente. La "mala" es que los ricos de América Latina se ha vuelto más ricos y los pobres, más pobres.

Según este informe del Banco Mundial, uno de cada 3 latinoamericanos es pobre y un total de 86 millones de personas (es decir, el 18% de la población) sufre extrema pobreza. En términos económicos eso quiere decir que esa personas tienen que arreglarse para sobrevivir con menos de un dólar por día.

Si las cosas siguen como en estos últimos años, el número de pobres crecerá en América Latina a un ritmo de un millón de personas por año. Se calcula que cada minuto que pasa hay dos pobres más en nuestra región.

Según las proyecciones de analistas especializadas, si las condiciones no cambian fundamentalmente, en el año 2.005 habrá en América Latina 176 millones de nuevos pobres. Para evitarlo tendrían que cambiar radicalmente, no sólo las tasas de natalidad, sino, sobre todo, las tasas de crecimiento económico y los índices de distribución equitativa.

9. ¿GLOBALIZACIÓN O DUALIZACIÓN...?

El término "globalización" trata de indicarnos que estamos caminando hacia un mundo de mayor unidad, tanto en lo económico como en lo comercial, financiero, tecnológico, político... La "dualización nos advierte de lo contrario: nuestro mundo camina hacia una mayor diferenciación y discriminación, tanto económica como social. Se está gestando una realidad mundial clara y dramáticamente dual. Si analizamos fríamente el proceso de mundialización percibimos que las tendencias secesionistas y discriminatorias, sobre todo en el ámbito económico-financiero son más profundas y humanamente más negativas que las tendencias unitarias y globalizadoras. Peor aún: éstas profundizan a agraban a aquellas.

El libre mercado, propugnado como modelo a ser asumido internacionalmente, privilegia a los más fuertes. Tienen la opción de imponer, según sus intereses, las cláusulas de los contratos en detrimento de los más débiles. Esto se da, tanto a nivel interno de los países, como a nivel internacional. El neo-liberalismo instaura, en última instancia, la ley del más fuerte en la medida en que falla la igualdad que se supone debe existir siempre entre las partes contrastantes.

10. EL "GANGSTERISMO" DEL LIBRE MERCADO

El neoliberalismo globalizador considera al libre mercado como regulador máximo de la economía, motor de eficiencia y gestor de una adecuada distribución del ingres; el mercado premia con ganancias a quienes mejor satisfacen las necesidades del público y castiga a quienes encarecen los precios o deterioran la calidad de los productos.

A esto se une la toma de conciencia que nuestra sociedad ha ido tomando acerca de las graves deficiencias de los modelos de economía planificada y colectivista y de las deficiencias de los llamados "Estados de Bienestar". El intervencionismo del estado en la economía, muchas veces sometido a criterios político-partidistas, ha producido con frecuencia, corrupción administrativa, burocracia parasitaria y peligrosas distorsiones económicas. La "magia del mercado", brújula, código deontológico y faro orientador del "proyecto neo-liberal", está minando las bases mismas del capitalismo clásico. Y esto lo está logrando en la medida en que hace prevalecer, de un modo absoluto, el interés lucrativo personal, sobre las más elementales exigencias del bien común. Ha convertido el dinero en la medida exclusiva de felicidad y autorrealización de las personas. Lo que era un mero medio de cambio, lo han constituido en un fin en sí mismo, en una seudoreligión, donde el culto se reduce a la idolatría del máximo lucro. El éxito y la eficacia son dos virtudes cardinales que deben adornar el espíritu de sus adeptos. ¡El multimillonario más explotador y despiadado puede pasar como símbolo y dechado de las más altas virtudes ciudadanas!

Los modelos de "ajuste estructural" nos están llevando a un verdadero "gangsterismo" del mercado en la medida en que, a nivel mundial, se van desconectando y alejando de toda consideración ética y aún socio-política.

Pero el concepto de "mercado absoluto" para impulsar y orientar la economía a nivel mundial es, no sólo cuestionable, sino distorsionador y generador de gravísimas injusticias a nivel mundial.

La experiencia histórica demuestra que es imposible resolver los múltiples problemas de la economía mundial y nacional sin la presencia orientadora y reguladora del estado y de organismos internacionales.

11. EN LA GLOBALIZACIÓN NO HAY LUGAR PARA LA JUSTICIA SOCIAL

La doctrina social de la Iglesia reconoce tres categorías en relación a la justicia. La justicia conmutativa, la justicia distributiva y la justicia social. La justicia conmutativa regula los intercambios y los contratos particulares, Pero la justicia social mira el bien común. La justicia social no se opone a la conmutativa sino que garantiza su funcionamiento en forma más justa y más amplia.

No se puede desconectar las ganancias e las responsabilidades sociales. No se puede implantar estructuras económicas al margen de la ética si no queremos caer en un sistema anti-humano y salvaje. Los efectos deshumanizadores que genera el modelo los podemos percibir también en los países industrializados. A pesar de su reducido crecimiento demográfico, tienen actualmente,35 millones de desocupados y más de 100 millones de pobres.

Los países pobres lanzan al mercado del trabajo, cada año, 37 millones de jóvenes. Es evidente que el neo-liberalismo, con su sistemática prescindencia de los valores éticos, está destruyendo todo lo que pueda llevarnos a una verdadera solidaridad social. En la práctica, lo que está globalizando con la mayor eficacia destructiva, es la desigualdad social. Se globaliza la liberación de los mercados, la especulación financiera, el consumismo, las tecnologías de punta...pero no los valores éticos o el pleno empleo.

La globalización se orienta hacia la creación de nuevos monopolios, nuevos privilegios mercantilistas, nuevos autoritarismos oligárquicos... pero no hacia la solución de los problemas humanos y sociales que, no solamente los relega, sino que los agrava y los aumenta. Sus publicitados "milagros" económicos siempre han generado, como contraparte, verdaderos "infiernos" sociales.

Como se podrá observar son muchos los cuestionamientos que se le hacen a la Globalización, puesto que no solo ha afectado a la sociedad como tal, sino a todo el entorno de ella, en lo cultural, en lo político, en lo social y no se diga en lo financiero y ha trastocado los sistemas de vida de los ciudadanos, los sistemas ecológicos y en general, a un sin número de cosas, que al final de los períodos que ya lleva implantado la globalización ha dejado sin trabajo a muchas personas, se ha innovado sí, pero eso lo que más ha traído consigo es el desplazamiento y la marginación de las gentes, las que forzados por la satisfacción de las mínimas necesidades de subsistencia, sufren en carne propia, la marginación, el abandono y por consecuencia el incremento de la pobreza en el mundo.

NOTAS BIBLIOGRÁFICAS

1. ¿Globalización en peligro? Periódico de México. 25-01-2011.Economist Intelligence Unit.

2. Análisis sobre los problemas del Euro. The Wall Street Journal ilustra la crisis española con la bandera franquista. El Mundo.es

3. Producción y reservas de petróleo mexicanas estables: Pemex.

4. Bajo la Lupa. ¿La última batalla del Euro. Alfredo Jalife Rahme. La Jornada. El Periódico de México.

5. Bajo la Lupa. Crisis del Euro: el problema no es tanto como España como Santander. Alfredo Jalife Rahme. La Jornada. El Periódico de México.

6. Bajo la Lupa. Guerra financiera. ¿aniquilar al Euro para que sobreviva el dólar? Alfredo Jalife Rahme. La Jornada. El Periódico de México.

7. Cierre FX. El Euro cae a ploma por el efecto contagio. Portugal y España en el punto mira. FXmania.com.

8. Como aprovechar la volatilidad del Euro? B Forex.

9. Crisis en el Euro, crisis de la Unión Europea. Jean-Claude Paye.

10. Dólar vs Euro. La guerra intercapitalista financiera. 16-03-2010. IAR Noticias/ Informe Especial.

11. El complejo problema del Euro. 14-02-2010. Publicado por Valle Baeza.

12. El debatible futuro del Euro. ¿Hacia donde va la monea común? 08-03-2011. WSJ Américas.

13. El BRIC de potencias emergentes se convierte en BRICS con adhesión de Sudáfrica. Jeans-Jacques Cornish /AFP. 24-12-2010. El Periódico de México.

14. BRIC ¿Primer lugar en 20 años? Alfredo Jalife Rahme. Radar Geopolítico.

15. BRICS celebrarán reunión en China. 11-04-2011. El Economista.

16. BRICS contra reglas sobre flujos de capital. 18-02-2011. El Economista.

17. México-China. Los resultados. Carlos Fernández Vega. La Jornada. El Periódico de México. 09-05-2011.

18. Economía de China se en enfría, inflación retrocede. Por Kevin Yao y Aileen Wang Reuters. 11-05-2011-

19. ¿Globalización en peligro? Economist Intelligence Unit. El Periódico de México. 25-01-2011.

20. Pag. WEB. Historia de la Humanidad.com ¿Cuánto te costará la Subida de la Gasolina? 17-07-2008.

21. El precio del petróleo sube y marca su precio más alto en dos años y medio. 11-03-2011. El Diario.

22. El precio del petróleo cae en medio de la preocupación por economía de EEUU. El Periódico de México. 05-05-2011.

23. El precio del petróleo tiene espacio para subir antes de efecto recesión. El Periódico de México. 14-04-2011.

24. La AIE advierte del efecto devastador de ahorrar en renovables. S. Carcar. Madrid. Periódico el País. 18-11-2010.

25. La amenaza del oro negro. Economist Intelligence Unit. El Periódico de México. 22-03-2011.

26. Libia espera evitar el uso del petróleo como arma política. 02-03-2011. Reuters.

27. El barril recorta ganancias atento a Libia y Oriente próximo. 07-03-2011. Reuters.

28. El petróleo tuvo su peor semana de la historia al caer 16.75 dólares en EEUU. Pag. WEB Latercera.com. Reuters.

29. Las amenazas del crecimiento de China. Por Dob Davis. Dow Jones. El Periódico de México. 12-04-2011.

30. "La Desglobalizacion de GM". Carlos Chirinos. BBC Mundo. Washington.

31. ¿Divisa BRIC para suplir al agónico Dólar. Bajo la Lupa. Alfredo Jalife Rahme. La Jornada. El Periódico de México. 06-07-2009.

32. Guerra de las divisas y del oro. Alfredo Jalife Rahme. La Jornada. 19-09-2010.

33. La guerra de divisas, una espada de Damocles para la frágil cohesión del G-20. Por Mariano Andrade. El Periódico de México. 11-08-2010.

34. Las Reservas de divisas de China siguen creciendo. Andrew Batson. 15-01-2010.

35. Debates. Orlando Delgado selley. La Jornada. 01-04-2010.

36. El oro ¿Una inversión inteligente? Un argumento a su favor. Es un Refugio contra la inflación. Por Janet Briaud. WSJ de las Américas. 18-03-2011.

37. Artículo: Nuestro Sistema Económico no es el Capitalismo. Publicado en el Periódico de México. 13-05-2011.

38. Crisis sistémica global -22011. El año despiadado en la encrucijada de los tres caminos del caos mundial. GEAB No. 51 16-01-2011.

39. ¿Fin de Estados Unidos como superpotencia?; hipótesis toma fuerza ante la crisis. Autores: Luis Torres de la Llosa, AFP. 29-09-2008.

40. Predijeron científicos hace mas de treinta años crisis económica. Los límites del Conocimiento. Publicado. 02-09-2010. www.richdadmexico. com

41. Preocupación por deuda de zona euro golpea a bolsas europeas. Joanne Frearson. Agencia Reuters. 13-05-2011.

42. El Gobierno griego pide calma mientras crece la desconfianza de los mercados. Periódico de México. 22-12-2009.

43. El dólar en problemas, el Euro se torna más fuerte. 11-07-2009. Wharton. universia.net.

44. La batalla del euro se libra en España. Stephen Fidler. 02-03-2010. Madrid.

45. Nouriel Roubini: El Problema de la zona euro se llama España. 04-02-2010.

46. El euro y los PIGS. Bajo la Lupa. Alfredo Jalife Rahme. La Jornada. 09-02-2010.

47. ¿El euro una opción prematura?. Juanma Crivellini. Diario Cinco Días. 16-02-2010.

48. El gran problema del Euro. Miguel Angel Boggiano. Análisis de Mercado. 20-02-2010.

49. George Soros. El euro tendrá que pasar pruebas mas duras que las de Grecia. El Economista.es. 22-02-2010.

50. Dólar vs Euro. La guerra intercapitalista financiera. 16-03-2010. IAR/ Noticias/ Informe Especial.

51. Thomas Kaplan, el rey de los lingotes. Entrevista hecha por Wall Street Journal. 06-01-2010.

52. Un magnate que apuesta por el oro espera pacientemente su recompensa. Liam Pleven u Carolyn Cui. 03-06-2010.

53. Expertos y empresarios mineros recomiendan invertir en oro. Luis Jaime Cisneros. El Periódico de México. 18-05-2010.

54. ¿Es el oro la próxima burbuja? Brett Arends. Periódico de México. 09-06-2010.

55. ¿Qué es la globalización? Documento emitido por el Banco Mundial. Enero de 2004.

56. Hacer que la globalización beneficie a los pobres. Documento emitido por el Fondo Monetario Internacional.

57. Informe Horizontes del Desarrollo Mundial 2011. Multipolaridad. La Nueva Economía Global. Banco Mundial. 21-05-2011.

58. China e India : ¿Oportunidad o Amenaza?. Reporte del Banco Mundial.

59. China: Segunda Economía Mundial. Reporte del Fondo Monetario Internacional. 02-08-2010.

60. El Banco Mundial prevé que China crecerá un 9.3% este año. Informe publicado el 28-04-2011, por la Agencia EFE.

61. China: ¿Abierta a una apreciación abierta del yuan?. 20-04-2011. WSJ Américas. Por Jason Dean y Tom Orlik.

62. China estudia medidas para internacionalizar el YUAN. 19-04-2011. WSJ Américas. Por Peter Stein y Shai Oster.

63. Geithner recuerda a Keynes. Alejandro Nadal- La Jornada. 11-02-2010.

64. El G-20 se opondrá a la relajación cuantitativa de la FED. **Nathalie Boschat.** El Periódico de México. 05-11-2010.

65. La Unión Económica y Monetaria en la UE; gobernanza económica e impacto de la crisis. 30-05-2011. Mikel Gastelum-Iturri. www. unitedexplanations.org. Economy& Business Esp. Europe

66. Artículo **Irlanda, el euro y los paraísos fiscales** Marcelo Justo. BBC Mundo.

67. Artículo. El FMI teoriza con el fin del dólar como divisa internacional **Pablo L. Barbero. El Mundo, es.**

68. Cotizalia. Com. El Banco Mundial anuncia el fin del dólar. Las Perlas de Kike Vázquez.

69. **El GEAB N°62. Eurolandia 2012-2016: Consolidación de una nueva potencia global a condición de que se democratice. Estudio del Centro de Investigaciones Europeo.**

70. **Artículo Depreciando el Dólar para exportar la crisis. 10-20-2009.**

71. **Artículo. El dólar sobrevive fuerte y sano al recorte de rating de EEUU. WSJ. Américas. 09-08-2011.**

72. **Artículo. Hemeroteca. El Yuan, El Yen, El Tesoro. Darío Valcárcel. 02-10-2003.**

73. **Artículo Yen se recupera de mínimo de 9 meses frente al dólar. Publicado en el Financiero de México. 02-03-2012. Autor. Carlos Morales.**

74. La importancia del Bric en la Actualidad.

75. BRIC Mercados Emergentes.

76. Suramérica y el Caribe es el escenario donde el BRICS desafía a USA. Lic. Carlos Pereyra Mele. 1°. De Mayo 2011.

77. El Yen, la Principal preocupación.

78. Japón sopesa anteponer el yen a Europa. 10-02-2012. Agencia intereconomía.com

79. Qué es el Yen Japonés? http://www.efxto.com/diccionario/y/3898-yen-japones#ixzz1o0xrQvLM. Under Creative Commons License: Attribution Share Alike

80. ¿Por qué se aprecia tanto el yen japonés. Artículo aparecido en el periódico Cincodías.es

81. El Yen japonés en el punto de mira de todo el mundo. Publicado por Eduardo Vicho - 27/10/08 a las 03:10:11 pm Asesoramiento enbolsa.com

82. El oro: salvavidas para un mundo monetario sin control, Alfredo Jalife Rahme. Columna Bajo la Lupa. Periódico la Jornada.

81 www.Profesor en Línea.cl Globalización, Identidad Cultural Crisis.

82. http://bvs.sld.cu/revistas/rst/vol7_1-2_06/rst08106.html

GLOBALIZACIÓN NEOLIBERAL Y SU REPERCUSIÓN EN LAS FAMILIAS DE LOS TRABAJADORES. *Virginia Marrero Lacería*

83. http://sedosmission.org/old/spa/Iriarte.html **P. Gregorio Iriarte, OMI La Globalizacion: Un Gran Desafio a la Etica Cristiana**

84. **http://revcom.us/a/137/lotta_faultlines_pt2-es.html Cambios** y **grietas en la economía mundial y la rivalidad entre las grandes potencias.** Raymond Lotta

85. http://dianamontoya.blogspot.mx Calentamiento Global. Estamos destruyendo los recursos para el futuro.

86. El desarrollo capitalista de China y su Ascenso en el Sistema Imperialista Mundial: Naturaleza e implicaciones. Raymond Lotta